CODE-FORMULAIRE

DES

LOIS ÉLECTORALES

ET DU

DÉCRET SUR LE JURY,

ou

GUIDE THÉORIQUE ET PRATIQUE

DES MAIRES,

Des Commissions municipales, des Juges de paix, des Délégués, des Électeurs,
des Bureaux des collèges électoraux, et des Commissions cantonales
chargées de dresser les listes annuelles du Jury.

Avec Formules ou Modèles de procès-verbaux, Tableaux, etc., etc.

Par J.-E. ALLAIN, Juge de paix,

Auteur du Manuel encyclopédique des Juges de paix, etc., etc.

2 fr. 50.

PARIS

IMPRIMERIE ET LIBRAIRIE GÉNÉRALE DE JURISPRUDENCE

DE COSSE, SUCCr DE COSSE ET N. DELAMOTTE,

Éditeur des Codes annotés de Sirey et Gilbert, des Lois et Ordonnances par catégories, etc.;
Libraire de l'Ordre des Avocats à la Cour de cassation

PLACE DAUPHINE, 27.

AOUT 1851.

CODE-FORMULAIRE

DES

LOIS ÉLECTORALES

ET DU DÉCRET SUR LE JURY.

PARIS.

IMPRIMERIE ET LIBRAIRIE GÉNÉRALE DE JURISPRUDENCE.

COSSE, ÉDITEUR, ...

Paris.—Imprimerie de Cosse et J. Dumaize,
rue Christine, 2.

Paris.—Imprimerie de Cosse et J. Dumaine
rue Christine, 2.

CODE-FORMULAIRE

DES

LOIS ÉLECTORALES

ET DU

DÉCRET SUR LE JURY,

OU

GUIDE THÉORIQUE ET PRATIQUE

DES MAIRES,

Des Commissions municipales, des Juges de paix, des Délégués, des Électeurs, des Bureaux des colléges électoraux, et des Commissions cantonales chargées de dresser les listes annuelles du Jury;

Avec Formules ou Modèles de procès-verbaux, Tableaux, etc., etc.

Par J.-E. ALLAIN, Juge de paix,

Auteur du Manuel encyclopédique des Juges de paix, etc., etc.

PARIS

IMPRIMERIE ET LIBRAIRIE GÉNÉRALE DE JURISPRUDENCE
DE **COSSE**, SUCC⁣ʳ DE COSSE ET N. DELA MOTTE,
Éditeur des Codes annotés de Sirey et Gilbert, des Lois et Ordonnances par Galisset, etc.,
libraire de l'Ordre des Avocats à la Cour de cassation.
PLACE DAUPHINE, 27.

1851

CODE-FORMULAIRE

DES

LOIS ÉLECTORALES ET DU DÉCRET SUR LE JURY,

OU

GUIDE THÉORIQUE ET PRATIQUE

DES MAIRES,

Des Commissions municipales, des Juges de paix, des Délégués, des Électeurs et des Commissions cantonales chargées de dresser
les listes annuelles du jury.

———————⟨◉⟩———————

LIVRE PREMIER.

CODE-FORMULAIRE DES LOIS ÉLECTORALES.

———

SOMMAIRE.

1

§ 1er. Loi électorale des 2-28 fév.-15 mars 1849.—§ 2. Loi électorale du 31 mai 1850, modificative de la loi du 15 mars 1849. — § 3. Circulaire du ministre de l'intérieur du 5 juin 1850.—§ 4. Circulaire du ministre de la justice du 8 juin 1850.

SECTION Ire. — *Notions préliminaires.*

1. La souveraineté réside dans l'universalité des citoyens français (Constitution de 1848, art. 1er).

2. C'est par le suffrage universel que sont élus les représentants du peuple aux assemblées constituantes et législatives (*Ibid.*, art. 45).

3. C'est le suffrage universel qui nomme le citoyen chargé du pouvoir exécutif, sous le titre de Président de la République (Constitution de 1848, art. 45 et 46).

4. C'est par le suffrage universel, enfin, que sont composés les conseils administratifs des communes, des cantons, des départements (*Ibid.*, art. 79).

5. Le suffrage universel, libre et éclairé, est, comme on le voit, la base de l'état politique actuel de la France.

SECT. II. — *Conditions imposées à l'exercice du droit électoral.*

6. Quatre conditions sont imposées à tout individu qui réclame l'exercice du droit électoral : — 1° Il doit jouir de la qualité de citoyen français ; — 2° Être âgé de vingt et un ans accomplis, lors de la clôture définitive de la liste électorale ; — 3° Jouir de ses droits civils et politiques ; — 4° Avoir son domicile réel et actuel, depuis trois ans au moins, dans la commune ou dans le canton électoral où il prétend exercer ses droits (Loi électorale, 31 mai 1850, art. 2); une résidence, une habitation réelle, telle qu'on l'exige pour certains actes de la vie civile, le mariage, par exemple (C. civ., art. 74).

§ 1er. Jouissance de la qualité de citoyen français.

7. La première et la plus essentielle des condi-

1.

tions exigées pour être électeur, c'est d'avoir la qualité de citoyen français. La jouissance des droits civils et politiques s'entend ici de l'exercice de ces droits.

8. La jouissance des droits civils est réglée par le Code civil; celle des droits politiques est régie par la loi constitutionnelle (C. civ., art. 7).

9. On est Français par droit de naissance ou par le bienfait de la loi.

10. Sont Français de naissance les enfants nés d'un Français (C. civ., art. 9 et 10).

11. Est Français tout individu né en France d'un étranger qui lui-même y est né, à moins que, dans l'année qui suivra l'époque de sa majorité telle qu'elle est fixée par la loi française, il ne réclame la qualité d'étranger par une déclaration faite soit devant l'autorité municipale du lieu de sa résidence, soit devant les agents diplomatiques ou consulaires accrédités en France par le gouvernement étranger.

12. L'article 9 du Code civil est applicable aux enfants de l'étranger naturalisé, quoique nés en pays étranger, s'ils étaient mineurs lors de la naturalisation.

13. A l'égard des enfants nés en France ou à l'étranger, qui étaient majeurs à cette même époque, l'article 9 du Code civil leur est applicable dans l'année qui suivra celle de ladite naturalisation (L. 22-29 janv. et 7 fév. 1851, art. 1 et 2).

14. Deviennent Français les étrangers qui obtiennent le bienfait de la naturalisation (Gilbert, sur l'art. 7 du C. civ.).

15. Quant à l'enfant de père et de mère inconnus, la présomption est pour la nationalité française, et il suffit, pour l'établir, qu'il soit prouvé que l'enfant est né en France. Un décret du 4 juillet 1793, renouvelé en 1848, donne en effet aux enfants trouvés le titre d'enfants de la patrie.

§ 2. Age.

16. Sous la Charte de 1814, art. 40, et sous la loi

du 5 fév. 1817, art. 1ᵉʳ, nul ne pouvait être électeur s'il n'avait trente ans accomplis. Depuis, l'âge électoral a été abaissé par la Charte de 1830, art. 34, et la loi du 19 avr. 1831, à vingt-cinq ans, et par les lois électorales des 15 mars 1849 et 31 mai 1850, modificative de cette dernière, à vingt-un ans seulement, âge aujourd'hui exigé.

17. Sous l'empire de l'ancienne législation, c'était une question controversée que de savoir si la trentième ou la vingt-cinquième année devait être révolue avant la clôture des listes électorales, ou s'il suffisait qu'elle le fût avant le jour fixé pour l'ouverture du collége. Cette dernière opinion avait prévalu, mais le § 2 de l'art. 2 des lois précitées de 1849 et de 1850, portant : que ceux qui, n'ayant pas atteint, *lors de la formation de la liste,* les conditions d'âge, les acquerront *avant la clôture définitive,* a mis fin à toute controverse à cet égard.

18. Les justifications d'âge sont faites par l'exhibition d'un titre énonciatif certain, sans que l'électeur puisse être tenu de produire son extrait de naissance (Cass., 27 juin 1849).

19. Les extraits de naissance, réclamés pour cet objet, sont délivrés gratis.

§ 3. Domicile.

20. La distinction entre le domicile réel et le domicile politique n'ayant pas été maintenue par la loi du 15 mars 1849, c'est, dès lors, le domicile réel qui, seul, détermine le lieu où doit s'exercer le droit électoral.

21. Le domicile électoral doit être : 1° actuel, c'est-à-dire qu'il existe encore au moment de la clôture de la liste; 2° justifié par les règles spéciales indiquées aux art. 3 et 15 de la loi nouvelle; 3° fixe et continué dans le canton depuis plus de trois ans.

22. Le domicile d'un citoyen est là où se trouve le siége de ses affaires et son principal établissement; la simple habitation dans un autre lieu ne peut prévaloir sur ce domicile, à moins qu'il n'ait été changé

dans la forme et suivant les conditions prescrites par les art. 103 et 104, C. civ. Ce changement ne s'opère que par le fait d'une habitation réelle dans un autre lieu, joint à l'intention d'y fixer son principal établissement, intention qui ne peut résulter que de la double déclaration prescrite par l'art. 104, C. civ. La double déclaration ne suffit donc pas seule; il faut qu'elle soit accompagnée d'une habitation réelle dans un autre lieu. On ne peut pas considérer comme habitation réelle ou sérieuse, dans le sens de la loi, le fait d'une demeure accidentelle dans un hôtel garni, lorsqu'il résulte, des faits et circonstances de la cause, que la partie qui excipe de son changement de domicile a conservé celui qu'elle avait originairement.

Un arrêt de la chambre des requêtes, du 16 avr. 1817, a jugé, en effet, que le changement de domicile ne s'est point opéré lorsqu'on a conservé une habitation dans le lieu qu'on avait déclaré vouloir quitter. Un second arrêt de la même chambre, du 7 mai 1839, n'est pas moins explicite (Cass., 15 janv. 1851).

23. Quant à la translation du domicile d'un lieu à un autre, elle n'est régulièrement opérée que par la déclaration faite au maire de la commune que l'on veut quitter, et de celle où l'on veut s'établir : la déclaration faite dans cette dernière commune seulement ne suffirait pas (Cass. 28 août 1850).

SECT. III. — *Constatation du domicile électoral.*

§ 1er. Inscription sur le rôle des contribuables.

24. Le domicile est constaté de droit : 1° par l'inscription au rôle de la taxe personnelle, ou par l'inscription personnelle au rôle de la prestation en nature pour les chemins vicinaux ;

2° Par l'inscription sur l'état des *imposables,* dans les localités *rédimées,* telles que Paris, Lyon, Marseille, Bordeaux, etc., où la taxe personnelle n'est pas payée directement par le contribuable, et est remplacée, *rédimée* par un prélèvement sur les produits de l'octroi,

La loi du 21 avr. 1832 déclarant que l'impôt est dû par tout citoyen non indigent, il en résulte que l'état des imposables, régulièrement dressé, doit comprendre tous les citoyens non indigents qui, dans les localités rédimées, ne figurent ni à la contribution mobilière, ni à la taxe des patentes ;

3° Par la déclaration des pères ou mères, beaux-pères ou belles-mères, ou autres ascendants domiciliés depuis trois ans, en ce qui concerne les fils, gendres, petits-fils et autres descendants majeurs, vivant dans la maison paternelle, et qui, par application de l'art. 12 de la loi du 21 avr. 1832, n'ont pas été portés au rôle de la contribution personnelle ;

4° Par la déclaration des maîtres ou patrons, en ce qui concerne les majeurs qui servent ou travaillent habituellement chez eux, lorsque ceux-ci demeurent dans la même maison que leurs maîtres ou patrons, ou dans les bâtiments d'exploitation.

Tels sont les divers modes de constatation indiqués par la loi du 31 mai 1850, art. 3 et 15.

25. La jurisprudence constante de la Cour de cassation, établie par de nombreux arrêts, est que les dispositions de la loi du 31 mai 1850 étant, quant à la preuve, limitatives, absolues, on ne peut suppléer par aucun autre moyen aux justifications qu'elle prescrit, ni par le certificat d'un propriétaire attestant qu'un citoyen demeure depuis plus de trois ans dans sa maison, ni par l'exhibition de la patente, ni par les preuves ordinaires du domicile civil, telles que les déterminent les art. 102 à 107, C. civ. ; en un mot, par aucun moyen d'enquête, quel qu'il soit (Cass., 30 juill., 6, 12, 14 et 19 août, 6, 18, 19 nov. 1850 et 7 juill. 1851).

26. Ainsi, il est de jurisprudence constante qu'il ne peut être suppléé par des preuves puisées dans le droit commun au mode particulier déterminé par la loi du 31 mai 1850, pour l'établissement du domicile triennal, et que les moyens légaux par lesquels le domicile triennal doit être prouvé ne peuvent être remplacés par des équipollents, la loi n'atta-

chant la force de la preuve qu'aux documents qu'elle indique spécialement (L. 31 mai 1850, art. 2, § 1ᵉʳ).

27. On ne peut non plus suppléer, par la preuve testimoniale, aux justifications du domicile triennal, suivant les formes et les conditions prescrites par l'art. 2 de la loi du 31 mai 1850 (Cass., 5 mars 1850).

28. Les principes généraux, en matière de domicile réel, sont inapplicables pour l'établissement du domicile électoral. De même qu'on ne peut les invoquer pour la justification de ce domicile, de même on ne peut les opposer, pour enlever le bénéfice de ce même domicile, à celui qui le prouve conformément aux dispositions de la loi du 31 mai 1850. Ainsi, c'est à tort qu'un juge de paix a décidé qu'un citoyen qui est porté sur le rôle de la contribution personnelle et des prestations en nature depuis plus de trois ans dans une commune ne serait pas inscrit sur la liste électorale de cette commune, sous le prétexte que son domicile réel se trouvait établi dans une autre commune, d'après la disposition de l'art. 102, C. civ. (Cass., 5 mars 1850).

29. Mais l'art. 3 de la loi du 31 mai 1850, en indiquant divers modes de constatations du domicile électoral, ne défend pas de les combiner et de les réunir ; et, spécialement, un citoyen peut se prévaloir cumulativement de la déclaration de son père ou autre ascendant (ou de son patron) et de son inscription au rôle de la contribution personnelle, et les ajouter l'une à l'autre pour établir son domicile triennal (Cass., 12 et 25 nov. 1850 ; 26 mai 1851).

30. Ainsi, un ouvrier a été attaché à plusieurs maîtres pendant les années 1847, 1848 et 1849, chez lesquels il n'a demeuré que quelques mois ou quelques années, puis il est rentré chez son père. Si le père et les maîtres habitent le même canton, l'ouvrier doit être admis à réclamer son inscription, en produisant les certificats de chacun des maîtres, et en complétant la justification de domicile électoral par la déclaration de son père, ou bien encore par son inscription aux rôles.

31. L'inscription à la contribution personnelle n'étant exigée par la loi électorale que comme preuve du domicile, il s'ensuit qu'elle doit profiter à ceux même qui, par erreur, n'ont pas été portés sur le rôle individuellement, mais conjointement avec d'autres, lorsqu'ils n'ont pas cessé de la payer pendant trois années. Ainsi, la cote personnelle, inscrite au rôle du percepteur sous le nom des deux frères, sans désignation individuelle, est utile pour tous les deux; elle prouve le domicile à l'égard de chacun (Cass., 20 nov. 1850).

32. Il n'est pas nécessaire, dans ce cas, que les ascendants ou maîtres soient électeurs pour délivrer des déclarations valables : il suffit qu'ils remplissent les conditions de l'électorat, c'est-à-dire qu'ils possèdent le domicile électoral justifié par l'imposition à la taxe personnelle ou des prestations. Le domicile triennal de la part de l'ascendant ou du maître n'est, en effet, nécessaire que quand l'ouvrier ou le fils de famille ont habité trois ans chez le même ascendant ou maître.

33. Malgré le principe de la permanence des listes électorales, les électeurs inscrits pour l'année précédente comme imposables ne peuvent être maintenus en cette qualité pour l'année courante, lorsque la conservation de leur qualité ne se trouve pas justifiée, par suite de la non-existence de l'état des imposables pour cette année. Vainement, dans ce cas, les électeurs radiés prétendent-ils que le défaut d'état des imposables ne peut leur préjudicier : qu'en conséquence, ils doivent être considérés, de plein droit, comme ayant conservé la qualité d'imposables, constatée par leur inscription primitive (Cass., 5 mai 1851).

34. Ce n'est pas parce qu'un citoyen a été inscrit sur l'état des cotes irrécouvrables qu'il peut perdre le bénéfice de son inscription sur le rôle de la cote personnelle. Tant qu'il n'a pas été rayé de ce rôle, il peut se servir, pour appuyer son droit électoral, de l'extrait de cette même contribution (Cass., 20 nov. 1850).

35. Pour faire preuve du domicile triennal, il n'est pas absolument nécessaire de justifier de son inscription nominale au rôle de la taxe personnelle; il suffit d'y être désigné d'une manière certaine et incontestée.

Spécialement, une veuve a pu se prévaloir de l'inscription du nom de son mari au rôle de la taxe personnelle, et délivrer à son fils le certificat prescrit par l'art. 3, § 2, de la loi du 31 mai 1850, alors que son mari est décédé depuis trois ans, et qu'il est constant que depuis cette époque elle n'a cessé de jouir de ses biens et de les administrer, et d'acquitter les charges et contributions publiques demeurées inscrites au nom du défunt (L. 31 mai 1850, art. 3, §§ 1 et 2; Cass., 29 janv. et 2 avr. 1851).

36. L'étranger naturalisé, qui justifie d'un domicile triennal, doit être porté sur la liste électorale, encore bien que sa naturalisation ne remonte pas à trois années (L. 31 mai 1850, art. 2, § 1er, et 3, § 1er; Cass., 5–10 mars, 16–30 avr. 1851).

37. Quand le domicile est constaté par l'inscription depuis trois années au rôle de la contribution personnelle, ou à celui de la prestation en nature pour les chemins vicinaux, le maire doit inscrire d'office, car il a dans les mains les éléments de constatation qui n'exigent aucune preuve accessoire (Circ. min. int., 5 juin 1850).

38. Mais, lorsque le domicile doit être établi par des déclarations de parents, maîtres ou patrons, auxquels l'art. 3 de la loi nouvelle donne qualité pour cet objet, l'inscription sur la liste doit demeurer subordonnée à la production de cette justification nécessaire, et ne peut pas la prévenir (Ibid.). Elles doivent être renouvelées chaque année, et fournies le 31 déc. au plus tard, à peine de radiation contre l'électeur inscrit en vertu de ces déclarations (Cass., 10 mars et 7 juill., 1851); mais il importe peu que l'électeur change de domicile après cette déclaration; la liste électorale étant annuelle et permanente, il continuera d'y figurer, et il exercera valablement son droit, en quelque position nouvelle qu'il se trouve (sauf les exceptions por-

tées en l'art. 41 de la loi du 15 mars), tant que la liste n'est pas modifiée.—Néanmoins, le citoyen qui s'était fait porter sur la liste électorale de 1850, au moyen du certificat de son père, aux termes du 2e paragraphe de l'art. 3 de la loi du 31 mai 1850, n'a pas eu besoin de produire un nouveau certificat pour 1851, lorsque, pour cette année, il a été inscrit sur le rôle de la taxe personnelle. Son inscription vient se joindre à la preuve qui lui est actuellement acquise de son domicile triennal antérieur, avec lequel elle se confond pour ne former qu'une suite non interrompue du domicile légal (Cass., 26 fév. et 3 mars 1851).

39. Le citoyen qui a quitté la commune dans laquelle il était domicilié doit, pour être maintenu sur la liste électorale de cette commune, justifier de son nouveau domicile dans les formes et de la manière prescrite par la loi du 31 mai 1850; mais il est évident qu'il ne peut être tenu de justifier que ce nouveau domicile existe depuis trois ans (L. 31 mai 1850, art. 7; Cass., 30 avr. 1851).

40. Le citoyen qui justifie de son inscription depuis plus de trois ans aux rôles de la contribution personnelle et des prestations en nature dans une commune où il exerce d'ailleurs les fonctions de maire ne peut être rayé de la liste électorale de cette commune, sous le prétexte que les impôts dont parle l'art. 3 de la loi du 31 mai 1850 sont énonciatifs seulement, et non pas constitutifs du domicile politique, et que la seule règle à consulter est celle tracée par l'art. 102, C. civ., règle au point de vue de laquelle le domicile ne serait pas, dans l'espèce, suffisamment établi (violation des art. 2, n° 2; 3 et 5 de la loi du 31 mai 1850, et fausse application de l'art. 102, C. civ.)—(Cass., 26 mai 1851).

41. La contribution personnelle doit être individuelle: ainsi, le fils qui n'a pas payé pendant trois années sa cote personnelle est inadmissible à ajouter, sous un prétexte quelconque, la cote personnelle de son père à la sienne (Cass., 21 août et 19 nov. 1850). Mais le fils qui, depuis la mort de sa mère, a payé la cote personnelle portée au nom de celle-ci, et

laissée sous son nom, par erreur, pendant quelque temps, peut néanmoins la compter pour lui-même, lorsqu'il est constant qu'il a été considéré comme personnellement inscrit, et que d'ailleurs l'erreur a été plus tard réparée (Cass., 20 nov. 1850).

42. De même, le fils qui, après la mort de son père, est resté dans l'indivision avec ses sœurs et a payé, depuis plus de trois ans, conjointement avec celles-ci, le montant de la cote personnelle et des prestations en nature sous le nom du père, qui a continué, par erreur, d'être porté sur le rôle du percepteur, a le droit de se prévaloir de ce paiement comme preuve de son domicile triennal et de se faire inscrire sur la liste électorale. Le défaut d'inscription nominative ne peut y faire obstacle (Cass., 5 mars et 9 avr. 1851).

43. Mais ne peut être admis à figurer sur les listes électorales révisées le fils de famille dont les parents, avec lesquels il demeurait, sont décédés dans le cours de l'année 1850, qui, en conséquence, n'a pu fournir, dans le courant de décembre 1850, la déclaration prescrite par l'art. 4 de la loi du 31 mai 1850, et qui ne justifie pas de son inscription pour l'année 1851, soit au rôle de la taxe personnelle, soit au rôle des prestations en nature (L. 31 mai 1850, art. 3, 2, § 2, et 4, § 5; Cass., 30 avril 1851).

44. La déclaration prescrite par l'art. 3, § 3, pour l'inscription des domestiques et ouvriers sur les listes électorales, peut et doit être délivrée par le juge de paix, alors que le maître ou patron est décédé dans le courant de l'année, laissant des héritiers mineurs et qui ne résident pas dans la commune où leur auteur était domicilié (L. 31 mai 1850, art. 4, § 5; Cass. 28 mai 1851. V. infrà, n° 174).

45. Il suffit qu'un citoyen soit porté au rôle de la taxe personelle d'une commune pour qu'il doive y être admis à l'exercice des droits électoraux. Peu importe que ce citoyen soit inscrit au rôle individuellement ou sous une désignation collective. En conséquence, un fils a pu se prévaloir de son inscription au rôle de la taxe personnelle, indivisément avec son frère,

sous la dénomination d'hoirs de leur père (L. 31 mai 1850, art. 3 ; Cass., 23 déc. 1850).

46. Le principe de la permanence des listes s'oppose-t-il à ce que des citoyens (plus de 2,000 dans l'espèce), qui ont été portés en 1850 sur la liste des électeurs, comme imposables à la taxe personnelle dans une ville qui se rédime annuellement de cette contribution par une somme portée au budget, en soient rayés par le motif que le conseil municipal ayant été dissous et remplacé par une administration nouvelle, la somme destinée au rachat de la contribution personnelle pour 1851 n'a pu être votée à temps et portée au budget de cette année, pour laquelle, par conséquent, il n'a pas été dressé de liste des imposables?

L'état des imposables dressé en 1850 conservait-il dans ce cas toute sa force pour 1851?

Ces citoyens pouvaient-ils, au surplus, exciper, en leur faveur, de l'art. 35 de la loi du 18 juillet 1837, d'après lequel les recettes et les dépenses d'une commune continuent à être faites, jusqu'à l'approbation du budget, conformément à celui de l'année précédente?

Telles sont les questions que soulevait au fond le pourvoi des sieurs Rattier, Cressou, Boutibonne et Beauvais, agissant en qualité de tiers pour la réintégration sur la liste électorale de la ville de Lorient de plus de 2,000 citoyens qui en avaient été retranchés. Ce pourvoi, fondé sur la violation de l'art. 15 de la loi du 31 mai 1850 et de l'art. 20 de celle du 15 mars 1849, a été admis, au rapport de M. le conseiller Hardouin et sur les conclusions conformes de M. l'avocat-général Freslon ; plaidant, Me Martin (de Strasbourg) (Cass., 26 mars 1851).

47. Les justifications de domicile, par la production de certificats d'ascendants, maîtres ou patrons, sont tardivement faites après le 31 décembre de chaque année (Cass., 10 mars 1851).

48. Le mari ne peut se prévaloir des contributions payées personnellement par sa femme, autorisée à

faire un commerce séparé, ni, à raison de sa qualité de chef de la communauté et de la famille, se faire passer pour le commis de sa femme et se prévaloir de son certificat (Cass., 27 août, 6 et 11 nov. 1850).

49. Le citoyen qui réclame son inscription sur la liste électorale, et qui ne fait pas, pour 1850, les justifications de domicile exigées par l'art. 3, § 1er, de la loi de 1850, doit succomber dans sa réclamation, alors même qu'il prouve son domicile triennal pour les années 1847, 1848, 1849 (Cass., 19 août 1850).

50. Celui qui produit un certificat attestant qu'il a habité pendant longues années dans une maison en qualité de domestique jusqu'au mois de mars 1848, et qui justifie de son inscription au rôle de la contribution personnelle pour les années 1849 et 1850, peut ajouter ces deux justifications pour établir le domicile triennal voulu par la loi : on ne peut dire qu'il y a eu interruption de domicile du mois de mars 1848 au mois de janvier 1849, puisque le citoyen dont il s'agit a été porté sur le rôle de la contribution personnelle le plus tôt qu'il pouvait l'être après sa séparation d'avec son maître (Cass., 12 novembre 1850).

51. Celui qui est inscrit sur l'état des cotes irrécouvrables ne perd pas le bénéfice de son inscription sur le rôle de la taxe personnelle. Tant qu'il n'a pas été rayé de ce rôle, il peut se servir, pour appuyer son droit électoral, de l'extrait de cette même contribution (Cass., 20 novembre 1850).

52. Les bordiers ou métayers qui ne sont pas inscrits nominativement au rôle de la contribution personnelle ou des prestations en nature, mais seulement sous la dénomination de l'exploitation qui leur est confiée par le propriétaire, ont le droit, malgré cette irrégularité de dénomination, de se faire porter sur la liste électorale, alors surtout qu'il n'est pas contesté qu'ils acquittent cette contribution, et qu'on ne peut appliquer à d'autres la désignation sous laquelle ils figurent sur le rôle du percepteur (Cass., 12, 13 et 19 nov. 1850).

53. Mais, lorsqu'il n'existe point de rôle des prestations en nature dans une commune qui pourvoit à
la réparation de ses chemins vicinaux par des centimes additionnels votés spécialement pour cet objet,
aucun habitant de cette commune n'est fondé à invoquer la qualité d'imposable à cette taxe : car, à la
différence de la contribution personnelle, qui, dans
les communes rédimées, peut être comptée lorsqu'on
est compris dans le rôle des imposables, l'impôt des
prestations en nature ne peut être utile qu'autant qu'il a été dressé un rôle effectif et nominatif
d'imposés : car il n'y a pas lieu à un rôle d'imposables
en matière de prestation en nature, il ne peut y avoir
que des imposés. L'art. 15 de la loi du 31 mai 1850,
qui, dans les communes rédimées de la taxe personnelle, permet de suppléer au rôle des imposés par un
rôle d'imposables, ne dispose taxativement que pour
la contribution personnelle : il n'est point applicable
aux prestations en nature (Cass., 19 nov. 1850).

54. De même, dans les communes où il n'existe
point de rôle des prestations en nature et où il est
pourvu aux réparations des chemins vicinaux sur les
ressources propres de la commune (le produit des
affouages, dans l'espèce), nul ne peut se prévaloir de
l'impôt des prestations en nature, soit effectivement,
soit fictivement, en se prétendant imposable à cette
contribution (Cass., 19 nov. 1850).

55. Le maître qui est inscrit sur le rôle des prestations en nature sous cette désignation : « Un tel pour
son domestique », doit profiter seul de l'impôt, parce
que, d'après la loi de 1836 sur les chemins vicinaux,
les domestiques ne paient pas les prestations en nature ; elles sont mises à la charge du maître, eu
égard au personnel de sa domesticité (Cass., 19 nov.
1850).

56. Celui qui n'a pas le domicile triennal dans la
commune qu'il habite actuellement, fût-elle le lieu de
son principal établissement, et par conséquent celui
de son domicile, suivant les règles ordinaires du
droit, ne peut être porté sur la liste électorale de cette

commune, mais seulement dans celle où il avait acquis antérieurement le domicile triennal (Cass., 28 août 1850).

57. Celui qui, après avoir résidé quelques mois hors de la commune où il avait antérieurement le domicile de trois ans, prouvé conformément à l'art. 3, § 1er, de la loi du 31 mai 1850, s'y est fixé de nouveau au moment de la confection des nouvelles listes, a eu le droit de s'y faire porter, aux termes de l'art. 16 de la même loi (Cass., 6 août 1850).

58. Pour avoir droit à l'application de la diposition transitoire de l'art. 16, § 3, de la loi du 31 mai 1850, il n'est pas nécessaire de justifier, conformément aux articles 3, 4 et 5, de son domicile dans la commune où l'on a fixé sa nouvelle résidence ; cette justification n'est prescrite qu'au cas de l'art. 7 seulement (Cass., 5 et 6 nov. 1850).

Le § 2 de l'art. 16 dispose pour le cas seulement où il y a eu changement de commune (Cass., 6 août 1850).

59. L'instituteur primaire qui n'exerce plus sa profession, et qui a eu son domicile, de 1839 à 1848, dans la commune où il se livrait à l'instruction publique, a le droit d'être porté sur la liste électorale de la commune du même canton, dans laquelle il est venu s'établir depuis, si, en cumulant le temps passé dans ces deux résidences, il établit un domicile triennal sans solution de continuité, au moment de la formation de la liste prescrite par la loi de 1850 (Cass., 26 août 1850).

60. Le greffier de justice de paix qui justifie d'un domicile triennal par son inscription aux rôles, et qui exerce les fonctions de maire dans une commune autre que celle où siége le tribunal auquel il est attaché, doit être inscrit sur les listes électorales de la commune où il est réellement domicilié, et non sur celles de la commune où siége le tribunal de paix (L. 31 mai 1850, art. 2, 3 et 5 ; Cass., 23 avril 1851).

61. Le citoyen qui n'a pas fait la preuve légale exigée par l'art. 3 de la loi du 31 mai 1850 pour l'éta-

blissement de son domicile, c'est-à-dire qui n'a pas justifié de son inscription sur le rôle de la contribution personnelle ou des prestations en nature pendant les trois années qui ont précédé celle dans laquelle cette loi a été proclamée, n'a pas dû être admis sur la liste des électeurs (Cass., 5 nov. 1850).

62. Nul ne peut se prévaloir de l'impôt des prestations en nature, soit effectivement, soit fictivement, dans les communes où il n'existe point de rôle de cette sorte de contribution, et où il est pourvu aux réparations des chemins vicinaux sur les ressources propres de la commune (Cass., 19 nov. 1850).

63. De même, dans les communes rédimées de la contribution personnelle, l'inscription au rôle de la contribution personnelle mobilière ne peut suppléer à l'inscription sur l'état des imposables (Cass., 25 fév. 1851).

64. Dans les communes rédimées de la prestation en nature, par des centimes additionnels spéciaux, nul ne peut se prévaloir de ce rachat, en le faisant envisager comme remplaçant la prestation en nature dont le rôle n'existe pas et sur lequel il aurait dû, suivant lui, être nécessairement porté, s'il eût été dressé. En matière de prestation en nature, il n'y a pas de rôle d'imposables ; il ne peut y avoir qu'un rôle d'imposés, et, en son absence, on ne peut prouver le domicile que par l'inscription au rôle de l'impôt personnel (Cass., 20 nov. 1850).

65. Le citoyen qui ne justifie pas de son inscription sur le rôle de l'impôt personnel, pendant trois années, au moment de la confection de la liste électorale, peut y suppléer par son inscription pendant le même temps sur le rôle des prestations en nature ; mais, lorsque ce rôle ne subsiste pas, le réclamant ne peut se prévaloir de la portion à lui afférente dans les centimes communaux au moyen desquels la commune pourvoit à la réparation des chemins vicinaux. La prestation en nature est un subsidiaire à la ressource des centimes communaux ; c'est ce subsidiaire que la loi envisage, et lorsqu'on n'y a point eu recours, lors-

2

que le rôle des prestations n'existe pas, on ne peut y substituer de prétendus équivalents que le conseil municipal n'a point admis (Cass , 11 nov. 1850).

66. L'erreur de prénom commise sur le rôle de la taxe personnelle, lorsqu'elle est connue et constatée, ne peut préjudicier au droit électoral de celui qui a constamment payé cette taxe, lorsqu'il est bien certain qu'elle s'applique à lui et non à aucun autre (Cass., 11 nov. 1850).

67. Le citoyen qui demande son inscription sur les listes électorales d'une commune ne peut être repoussé par le motif qu'il a été inscrit sur les rôles de la taxe personnelle dans une autre commune, s'il n'a pas, dans cette dernière, le domicile triennal : il y a lieu, dans ce cas, d'appliquer la disposition transitoire de l'art. 16 de la loi du 31 mai 1850 (Cass., 22 janv. 1851).

68. Il n'est pas en effet nécessaire, pour avoir droit à l'application de la disposition transitoire contenue en l'art. 16, § 3, de la loi du 31 mai 1850, de justifier, conformément aux art. 3, 4 et 5 de la même loi, de son domicile dans la commune où l'on a fixé sa nouvelle résidence ; cette justification n'est prescrite qu'au cas de l'art. 7 seulement.—Jurisprudence constante (Cass., 6 janv. 1851).

69. Deux frères inscrits collectivement au rôle de la taxe personnelle comme héritiers de leur père peuvent se prévaloir de cette inscription pour être portés sur les listes électorales ; il n'y a pas lieu de distinguer entre ceux qui sont inscrits au rôle individuellement et ceux qui n'y figurent que sous une désignation collective (L. 31 mai 1850, art. 3, § 1er, Cass., 23 déc. 1850 et 6 janv. 1851).

70. Le droit des tiers électeurs se borne à constater l'inscription de tel ou tel électeur pris individuellement et pour des motifs qui s'appliquent à lui personnellement. Ainsi ils sont non recevables à réclamer contre l'inscription sur la liste électorale d'une catégorie d'habitants sans désignation nominative (Cass., 6 et 11 nov. 1850).

71. L'article 7 de la loi du 15 mars 1849, en accordant à l'électeur inscrit le droit de demander la radiation ou l'inscription sur la liste électorale de citoyens nominativement désignés qui, selon lui, y auraient été portés ou omis à tort, ne lui a pas conféré celui de s'immiscer dans la formation de la liste et d'y faire porter, par forme de complément, une certaine catégorie d'individus dont il ne donne pas la désignation individuelle, et qu'il n'indique que par la classe à laquelle ils appartiennent, tels, par exemple, que les jeunes gens d'une commune qui, ayant satisfait à la loi du recrutement, n'ont pas été considérés comme militaires sous les drapeaux, à défaut de production des certificats des chefs de corps attestant qu'ils sont en activité de service. — Jurisprudence constante (Cass., 10 mars 1851).

72. L'étranger naturalisé dans le cours de l'année 1850, et qui, depuis, a été nommé membre du bureau de bienfaisance de la commune qu'il habite, a eu le droit de se faire inscrire comme fonctionnaire public sur la liste des électeurs. Le juge de paix qui a ordonné cette inscription n'a pas dû s'arrêter au moyen pris de ce qu'avant sa naturalisation l'étranger n'avait aucun domicile légal en France, à la différence des fonctionnaires publics régnicoles qui, bien qu'ils n'aient pas le domicile électoral dans la commune où ils exercent leurs fonctions, ont ou peuvent avoir ce domicile ailleurs (Cass., 10 mars 1851).

73. Celui qui est inscrit sur la liste électorale d'une commune, à raison de son inscription sur le rôle de la contribution personnelle ou des prestations en nature, est irrecevable à demander son inscription sur la liste d'une autre commune, au moyen d'un certificat à lui délivré par son maître ou patron. Ce certificat est inconciliable avec la position de domicile résultant de l'impôt personnel (Arrêt du 19 nov. 1850).

74. Le tiers électeur, qui veut faire inscrire un domestique sur la liste électorale, doit faire la preuve que celui-ci serait obligé de présenter lui-même s'il agissait directement, c'est-à-dire, justifier du domi-

cile triennal ou d'une déclaration en règle du maître de ce citoyen. — Il doit en être de même s'il s'agit d'un fils de famille (Cass., 26 août 1850).

75. Des citoyens qui, sans être inscrits en leur nom au rôle de la taxe personnelle, y sont inscrits individuellement sous une désignation qui ne peut s'appliquer qu'à eux, spécialement sous cette désignation : « le bordier de telle métairie, » doivent être portés sur les listes électorales, alors du moins que, comme dans l'espèce, il n'est pas contesté que le même bordier n'ait tenu la métairie depuis plus de trois ans (L. 31 mai 1850, art. 3, § 1er; cass., 15 janv. 1851).

76. Deux héritiers qui, à compter du décès de leur auteur, ont constamment payé la contribution personnelle et les prestations en nature sous le nom de ce dernier, à défaut de mutation sur les rôles, n'ont-ils pas eu le droit, malgré cette omission imputable à l'administration, de se faire porter sur la liste électorale ?

Préjugé dans le sens affirmatif (Cass., 3 mars 1851).

77. La double déclaration faite par un citoyen pour transférer son domicile d'une commune dans une autre ne doit avoir aucun effet, au point de vue électoral, si, à l'intention manifestée par les deux déclarations, n'est pas venu se joindre, de sa part, le fait d'un changement effectif (Cass., 3 mars 1851).

78. La liste électorale est formée par commune. Il s'ensuit que celui qui a le domicile triennal dans une commune n'est pas fondé à réclamer son inscription dans la commune, chef-lieu du canton où il n'a pas ce domicile.

On peut bien se faire porter sur la liste d'une commune où l'on a un commencement de domicile, lorsqu'on le complète par un domicile partiel acquis dans une autre commune du même canton ; mais ce cas est différent de celui où l'on veut voter ailleurs, fût-ce dans le même canton que dans la commune où l'on est actuellement domicilié (Cass., 18 nov., 1850).

79. Le domicile triennal peut être prouvé par la production de plusieurs déclarations émanées de maî-

tres ou patrons différents, lorsqu'elles concourent pour établir ce domicile sans interruption (Cass., 13 nov. 1850).

80. Pour qu'un citoyen soit fondé à demander son inscription sur les listes électorales d'une commune, il ne suffit pas qu'il justifie d'avoir été porté au rôle de la taxe personnelle ou de la prestation en nature, pour les trois années qui ont précédé l'année courante ; il faut encore qu'il ait été porté aux rôles pour l'année actuelle. Spécialement, pour demander son inscription sur la liste électorale de 1851, il ne suffit pas d'avoir été porté aux rôles pour les années 1848, 1849 et 1850, il faut encore y être porté pour l'année 1851 (L. 31 mai 1850, art. 2 ; cass., 21 mai 1851.

81. Il n'est pas nécessaire que la déclaration d'ascendant, maître ou patron, remise au maire dans le courant de décembre, contienne la date de sa délivrance ; il suffit qu'elle ait été remise dans le délai prescrit. Lorsque le jugement du juge de paix porte que la déclaration a été remise au maire le *vingt,* sans indication du mois, on doit supposer que c'est du 20 déc. que le jugement a entendu parler, et il y a présomption que la déclaration a été remise dans les délais (L. 31 mai 1850, art. 3 et 4 ; cass., 21 mai 1851).—Cette déclaration (du 1er au 31 déc.) est péremptoire, et l'expiration du délai emporte, de plein droit, déchéance de la faculté de faire la remise de ladite déclaration après le délai prescrit par la loi. (Cass., 9 avril, 20 et 21 mai 1851).—V. *infrà,* n° 128.

§ 2. Déclaration des ascendants.

82. Le second mode indiqué par la loi pour faire la preuve du domicile électoral est la déclaration des pères et mères, beaux-pères ou belles-mères, ou autres ascendants, en ce qui concerne les fils, gendres, petits-fils et autres descendants *majeurs* qui vivent dans la maison paternelle (L. 31 mai 1850, art. 3, § 2, et art. 4).

83. D'après les dispositions de la loi, qui ne fait qu'appliquer ici les principes de notre droit civil en

mettant le père en première ligne, c'est en effet à lui, qui est le chef de la famille, qu'il appartient de délivrer le certificat.

84. La loi étant limitative, il faut se renfermer strictement dans ses termes. On ne peut donc entendre par ascendants, comme on le verra ci-après, que ceux qui sont indiqués formellement par le § 2 de l'art. 3 ; des analogies plus ou moins favorables ne sauraient être admises.

85. La constatation du domicile électoral par la déclaration des pères ou mères, beaux-pères ou belles-mères, ou autres ascendants, faite en faveur de leurs fils ou gendres, n'a de valeur, à l'égard de ceux-ci, qu'autant que les déclarants ont eux-mêmes le domicile de trois ans, prouvé suivant la disposition de l'art. 3, § 1er, de la loi du 31 mai 1850 (Cass., 6 août 1850 et 7 juill. 1851).

86. La capacité électorale n'est pas nécessaire à celui qui fait la déclaration prescrite par le § 2 de l'art. 3 de la loi de 1850. Ainsi, une mère, bien qu'ayant subi une condamnation à trois ans d'emprisonnement pour vol, peut délivrer à son fils le certificat nécessaire à son inscription.

87. Mais la veuve qui n'a point le domicile triennal n'a pas la capacité nécessaire pour délivrer, soit la déclaration autorisée par le § 2 de l'art. 3 de la loi de 1850, soit celle que permet le § 3 du même article. Elle ne peut, par conséquent, conférer le droit électoral, ni à son fils, ni à son domestique (Cass., 6 et 26 août 1850).

88. Le fils majeur, non inscrit au rôle de la taxe personnelle ou au rôle de la prestation en nature pour les chemins vicinaux, doit être porté sur la liste électorale, d'après la déclaration de son père qu'il habite avec lui, sans qu'il soit permis, soit à la commission municipale, soit au juge de paix, d'examiner si c'est à tort ou à raison que le fils n'a pas été imposé à la contribution personnelle (L. 31 mai 1850, art. 2 et 3 ; Cass., 28 août 1850 et 6 janv. 1851). — La jurisprudence est constante sur ce point.

89. La loi n'exige pas, de la part de l'ascendant qui fait la déclaration prescrite par l'art. 3, § 2, de la loi du 31 mai 1850, d'autre condition que celle du domicile triennal. En conséquence, est valable la déclaration faite, au profit de son fils français, par le père étranger qui justifie du domicile requis.

Le fils dont le père est décédé et dont la mère s'est remariée peut également se prévaloir, pour être inscrit sur la liste électorale, de la déclaration faite par le mari de sa mère (Cass., 19 août, 6 nov. et 5 déc. 1850).

90. Ainsi, la femme qui s'est remariée n'a pas qualité pour délivrer à son fils du premier mariage la déclaration de domicile autorisée par l'art 3 de la nouvelle loi électorale. C'est au mari seul, comme on vient de le voir, qu'il appartient de faire cette déclaration, par respect pour l'autorité maritale. La loi s'en est, d'ailleurs, expliquée en termes exprès lorsqu'elle a mis le beau-père sur la même ligne que l'ascendant direct (Cass., 11 nov. 1850).

91. Mais s'il n'appartient qu'au mari d'une femme mariée en secondes noces de délivrer au fils issu du premier mariage de cette femme ou à l'époux de la fille née de ce second mariage, le certificat de domicile prescrit par l'art. 3 de la loi du 31 mai 1850 (jurisprud. const.), ce second mari est néanmoins sans qualité pour faire cette délivrance, lorsque le mariage qui lui en donnait le droit, est rompu par le prédécès de la mère ou belle-mère (Cass., 14 avril 1851).

92. Le gendre qui ne justifie que partiellement de son domicile électoral par son inscription sur le rôle de la contribution personnelle est admis à remplir la lacune par la production du certificat délivré par son beau-père pour le temps nécessaire au complément de la période triennale (Cass., 11 nov. 1850).

93. Le certificat de domicile délivré par un père à ses deux fils doit recevoir ses effets, au point de vue électoral, bien que ceux-ci travaillent momentanément dans une commune autre que celle où ils réclament leur inscription, lorsqu'il est déclaré en fait que

ic'est pour le compte de leur père qu'ils exécutent les travaux, et que celui-ci continue à pourvoir à leurs besoins de nourriture et d'entretien, comme quand ils sont sous le toît paternel (Cass., 19 nov. 1850).

94. Le père qui habite dans une maison en qualité de domestique peut délivrer à son fils demeurant avec lui le certificat dont parle le § 2 de l'art. 3 pré-cité (Cass., 12 et 19 nov. 1850).

95. Le beau-père étranger, inscrit au rôle de la contribution personnelle depuis plus de trois ans, peut valablement faire, en faveur de son beau-fils, la déclaration prescrite par l'art. 3 de la loi du 31 mai 1850 (Cass., 10 déc. 1850).

96. Mais la déclaration de domicile émanée de d'aïeule ne peut avoir aucun effet du vivant du père de celui à qui cette déclaration est délivrée (Cass., 11 nov. 1850).

97. La déclaration du père est valable, bien que non écrite de sa main, si elle est signée de lui (Cass., 25 nov. 1850); mais s'il est illettré, cette déclaration doit, à peine de nullité, être faite dans la forme pre-scrite par l'art. 4 de la loi du 31 mai 1850 (Cass., 28 août 1850). Elle est sans valeur, lorsqu'il est constaté, en fait, par la décision attaquée, que le fils a passé une année hors du domicile de son père, non dans des circonstances qui lui ont conservé ce domicile, mais, au contraire, dans l'exercice d'une industrie privée, et qui l'avait obligé à avoir un domicile et une existence à part (Cass., 19 nov. 1850).

98. Quant à la déclaration de domicile émanée de l'aïeul, elle ne peut avoir aucun effet du vivant du père de celui à qui cette déclaration est délivrée (Cass., 18 nov. 1850).

99. La déclaration de la mère, dans le cas où elle peut être requise, doit émaner directement d'elle-même. Elle ne peut être suppléée, sous prétexte d'em-pêchement, par celle du réclamant assisté de deux témoins. La constatation de l'empêchement a d'ail-leurs ses formes particulières (Cass., 20 août 1850).

100. La femme française qui a épousé un étranger non naturalisé, et qui, par conséquent, est devenue étrangère, n'a pas la capacité nécessaire pour délivrer à son fils le certificat dont celui-ci a besoin pour se faire inscrire sur la liste électorale. La mère n'a qualité pour faire cette délivrance que lorsqu'elle est veuve, ou, en cas d'empêchement constaté dans les formes légales de son mari, qui est le chef de la famille (Cass., 21 août 1850).

100 *bis*. L'inscription du nom du mari au rôle de la contribution personnelle pendant les trois années qui ont précédé la révision des listes électorales, constate suffisamment que la femme a habité dans la commune pendant le même laps de temps, et celle-ci, devenue veuve depuis quelques mois, peut délivrer à son fils, à l'occasion de la révision, le certificat prescrit par l'art. 3, § 2, de la loi du 31 mai 1850 (Cass., 18 juin 1851).

101. Les déclarations des ascendants ou des maîtres et patrons doivent être faites par écrit, et dans le cas où elles ne pourraient pas être constatées par l'écriture, elles doivent être faites devant le maire, par les déclarants eux-mêmes, assistés de deux témoins, et enfin, en cas d'empêchement, elles sont reçues par le juge de paix. Faites oralement, elles ne peuvent avoir aucune efficacité. Ainsi, l'inscription d'un fils, d'un domestique ou d'un ouvrier, qui n'a eu lieu sur la liste électorale que sur une déclaration faite de vive voix, sans observer d'ailleurs les formalités qui auraient pu la valider, ne saurait être maintenue (Cass., 26 août 1850).

102. Un oncle n'est pas un ascendant dans le sens de la loi du 31 mai 1850. Ainsi, le neveu ne peut se servir utilement du certificat de son oncle pour se faire inscrire sur la liste électorale (Cass., 21 août 1850).

103. Le fils, maître clerc de notaire, qui habite chez son père dans une commune voisine du lieu où il exerce sa profession, peut être, en vertu de la déclaration de son père, inscrit sur les listes électorales de

cette commune (L. 31 mai 1850, art. 3, § 3 ; Cass., 6 et 11 nov. 1850).

On ne peut lui opposer, pour l'empêcher de jouir des effets de la déclaration paternelle, qu'exerçant des fonctions lucratives, il aurait dû être porté au rôle de la contribution personnelle (Cass., 28 août, 11 nov. 1850).

104. Le fils, qui n'a quitté le domicile de son père que pour aller travailler momentanément de son état, est réputé voyager avec l'esprit de retour, alors surtout que ce retour se trouve réalisé au moment où il réclame son inscription sur la liste électorale, en vertu du certificat de son père. Le fait, dans ce cas, étant joint à l'intention, valide le certificat (Cass., 21 août 1850).

105. La troisième femme d'un individu, qui a laissé des enfants des deux autres lits et n'en a pas laissé de son dernier mariage, a qualité pour délivrer aux enfants mâles et majeurs des deux précédents mariages de son mari le certificat dont parle le § 2 de l'art. 3 de la loi du 31 mai 1850. L'affinité n'a pas cessé d'exister, au point de vue électoral, entre elle et les enfants de son mari, par l'absence d'enfants du troisième lit (Cass., 12 août 1850).

106. La capacité électorale n'est pas nécessaire à celui qui fait la déclaration prescrite par le § 2 de l'art. 3 de la loi du 31 mai 1850. Ainsi, une mère, bien qu'ayant subi une condamnation à trois ans d'emprisonnement pour vol, peut délivrer à son fils le certificat nécessaire à son inscription (Cass., 6 nov. 1850).

107. Le fils qui, pendant deux années, s'est absenté du domicile de son père pour se livrer à des spéculations industrielles dans son intérêt particulier et sans esprit de retour, ne peut faire comprendre ces deux années dans le certificat que lui délivre son père. Le juge de paix a le droit d'apprécier souverainement et en dernier ressort la teneur et la sincérité de ce certificat (Cass., 20 nov. 1850).

108. La déclaration du père est valable, bien que

non écrite de sa main, si elle est signée de lui (L. 31 mai 1850, art. 3, § 2, et art. 4, §§ 1 et 2).

109. La mère, qui ne figure pas sur le rôle de la contribution personnelle, n'a pas qualité pour délivrer à son fils le certificat de domicile (Cass., 19 nov. 1850).

110. La déclaration délivrée par une veuve, qui ne prouve pas qu'elle ait été portée sur le rôle de la contribution personnelle pour l'année 1847, est insuffisante, alors surtout qu'il n'est pas établi que le père fût lui-même imposé pour cette année (Cass., 18 nov. 1850).

111. De même la mère veuve, qui n'a pas trois ans de domicile prouvés par son inscription au rôle de la cote personnelle, ne peut délivrer, en son nom, un certificat valable de domicile à son fils ; elle n'a pas qualité non plus pour le délivrer au nom de son mari décédé (Cass., 18 nov. 1850).

112. Mais le fils qui, après la mort de son père, a été inscrit sur le rôle de la taxe personnelle, mais seulement pendant deux années, a pu compléter la preuve de son domicile par le certificat de sa mère pour les années antérieures (Cass., 5 nov. 1850).

113. Le citoyen qui ne peut, pour cause de maladie de son ascendant, produire le certificat qui, aux termes de la loi, supplée au défaut d'inscription sur le rôle de la contribution personnelle ou sur celui des prestations en nature, a le droit de se pourvoir devant le juge de paix pour faire constater l'empêchement ; mais il n'est plus recevable à requérir cette constatation au moment où le juge de paix est sur son siége pour statuer sur l'appel de ce citoyen. Ce n'est pas devant le juge de paix, juge d'appel et exerçant un acte de juridiction, qu'il doit se pourvoir en pareil cas, c'est devant le juge de paix faisant fonctions d'officier public (Cass., 5 nov. 1850).

114. Celui qui produit un certificat de son père constatant : 1° qu'il n'a jamais eu d'autre domicile que celui de son père depuis plus de trois ans, sauf le temps employé pour la continuation et l'achèvement de ses études à Paris ; — 2° Qu'à la vérité, il ne demeure

pas actuellement dans la maison paternelle, mais qu'il y vient prendre ses repas, ne justifie pas d'une déclaration valable dans le sens de l'art. 3, § 2, de la loi du 31 mai 1850 (Cass., 19 août 1850).

115. Un fils, bien que s'étant absenté de la maison paternelle, a pu se prévaloir de la déclaration de sa mère pour être inscrit sur les listes électorales, si son absence n'a eu lieu que par un motif transitoire, et avec esprit de retour (L. 31 mai 1850, art. 3, § 3; Cass., 15 janv. 1851).

116. Le certificat, délivré par la mère remariée à son fils du premier lit, n'est pas valable du vivant de son second mari. L'état de vagabondage de celui-ci et l'abandon dans lequel il laisse sa femme, ne sont pas des motifs suffisants pour lui conférer la capacité de faire les actes qui sont exclusivement du domaine marital (Cass., 11 mars 1851).

117. Le clerc stagiaire d'un notaire conserve son domicile légal dans la maison paternelle, et peut, conséquemment, réclamer son inscription sur les listes électorales, en vertu de la déclaration de son père (Cass., 6 nov. 1850).

118. Peut réclamer son inscription sur les listes électorales, en vertu de la déclaration de son père, le fils qui a conservé son domicile légal dans la maison paternelle, dont il ne s'est éloigné que pour se préparer à une profession qu'il n'exerce pas encore, et notamment, dans l'espèce, pour aller travailler chez un notaire, en qualité de clerc stagiaire (L., 31 mai 1850, art. 2, §§ 1 et 3; Cass., 6 nov. 1850).

119. Un ouvrier peut, pour établir son domicile de trois ans, ajouter au temps pendant lequel il justifie avoir travaillé chez des maîtres ou patrons, celui que ses ascendants, *domiciliés* dans la même commune, déclarent qu'il a passé chez eux (Cass., 19 août 1850).

120. L'individu qui justifie d'avoir été inscrit au rôle de la contribution personnelle pour les années 1845, 1847, 1848 et 1849, dans une commune qu'il n'a quittée qu'à la fin de cette dernière année, ne peut, pour établir qu'il a conservé son domicile dans

une autre commune du même canton, se prévaloir de la déclaration de sa mère, si cette déclaration n'a été produite qu'après l'expiration des délais légaux (L., 31 mai 1850, art. 7 et 16; Cass., 28 août 1850).

121. L'avocat stagiaire a son domicile là où il fait son stage; et lorsque ce domicile est séparé du domicile de sa famille, il ne peut pas se faire porter sur la liste électorale du lieu où est le domicile de son père, au moyen d'un certificat délivré par celui-ci (Cass., 19 août 1850).

122. La déclaration des père et mère ne peut être suppléée que dans le cas d'empêchement. Il n'y a lieu à suppléer le refus que lorsqu'il émane d'un maître ou d'un patron (Cass., 25 nov. 1850).

123. Le fils majeur, non inscrit au rôle de la taxe personnelle ou au rôle de la prestation en nature pour les chemins vicinaux, doit être porté sur la liste électorale, d'après la déclaration de son père qu'il habite avec lui, sans qu'il soit permis, soit à la commission municipale, soit au juge de paix, d'examiner si c'est à à tort ou à raison que le fils n'a pas été imposé à la contribution personnelle.—Jurisprudence constante (L., 31 mai 1850, art. 2 et 3; Cass., 6 janv. 1851).

124. Le juge de paix qui a délivré, conformément à la loi électorale de 1850, une attestation de domicile pour remplacer la déclaration d'ascendant dans le cas prévu par cette loi, ne peut pas, lorsqu'il est appelé comme juge à appliquer cette attestation, refuser d'en attribuer le bénéfice à celui qui s'en prévaut, sous le prétexte qu'il exerce l'état de boulanger, et qu'en cette qualité, il devait être porté sur le rôle de la taxe personnelle. En mettant à l'écart, par ce motif, l'attestation dont il s'agit, le juge de paix a excédé ses pouvoirs. — Jurisprudence constante (Cass., 12 nov. 1850).

125. Les déclarations des pères et mères ne doivent pas nécessairement être écrites entièrement de leur main : la signature suffit (Cass., 11 nov. 1850).

126. La loi électorale n'indique pas la place que doit occuper la signature dans les déclarations d'as-

|cendants, elle peut être placée à la marge aussi bien qu'à la fin de la pièce, lorsque d'ailleurs les blancs du modèle imprimé ont été soigneusement remplis et que la déclaration ne laisse rien à désirer dans ses constatations (Cass.. 11 mars 1851).

127. Mais une déclaration de domicile signée par un ascendant ou un patron, dont les blancs n'ont pas été remplis, est une pièce sans valeur qui ne peut produire aucun effet (Cass., 11 mars 1851).

128. Les certificats d'ascendants et de patrons régulièrement délivrés en 1850, et qui ont servi à faire inscrire sur la liste électorale ceux qui en étaient porteurs, ont dû être renouvelés pour l'année 1851, ainsi qu'on l'a vu *suprà*, p. 10, n° 38 (Cass., 4 mars 1851; Ch. civ., 9 avril et 26 mai 1851). Ainsi doivent être écartés de la liste électorale de l'année nouvelle, les électeurs inscrits sur la liste de l'année précédente, par suite d'une déclaration qu'ils n'ont pas renouvelée en temps utile, c'est-à-dire du 1er au 31 décembre de chaque année.

129. Mais le fils (ou l'ouvrier) qui a été inscrit sur la liste électorale de l'année *antérieure*, en vertu d'une déclaration de son père (ou patron), n'est pas tenu de produire une nouvelle déclaration pour obtenir son inscription sur la liste *actuelle*, lorsqu'il est porté pour cette année sur le rôle de la taxe personnelle (Cass., ch. civ., 9 avr. 1851).

130. Si, en effet, l'art. 4 de la loi du 31 mai 1850 contient des prescriptions spéciales à l'égard de ceux dont le domicile électoral ne résulte que des déclarations d'ascendants, maîtres ou patrons, et veut que ces déclarations soient remises aux maires, chaque année, du 1er au 31 décembre, cette disposition n'est applicable qu'à la constatation du domicile pour l'année *actuelle*, et non à celle du domicile antérieur. Tel est l'esprit des art. 3, 4 et 16 de la loi du 31 mai 1850, et de l'art. 20 de celle du 15 mars 1849.

131. Mais les citoyens qui, inscrits une première fois sur les listes électorales en vertu d'une déclaration de leurs ascendants, maîtres ou patrons, n'ont

pas produit une nouvelle déclaration dans le cours du mois de décembre de l'année pour laquelle les listes avaient été dressées, et qui ne justifient, pour l'année suivante, de leur inscription sur aucun rôle de contributions, ne doivent pas être maintenus sur les listes révisées (L. 31 mai 1850, art. 4; Cass., 8 avril et 21 mai 1851).

132. Le clerc de notaire, placé dans une étude éloignée du domicile de son père, n'est pas réputé avoir abandonné ce domicile, par cette séparation momentanée, et qui n'a qu'un but d'instruction spéciale, qu'on peut assimiler aux études qui se font dans les établissements d'instruction publique. Son inscription sur la liste électorale du domicile de son père peut, dès lors, être opérée, en vertu du certificat délivré par celui-ci, en conformité de l'art. 3, n° 2, de la loi du 31 mai 1850 (Cass., 20 août 1850).

133. La déclaration de la belle-mère, portant que son beau-fils a habité la maison paternelle, satisfait au vœu de la loi du 31 mai 1850, qui met à cet égard sur la même ligne les ascendants et les alliés.

134. Un citoyen peut, pour établir son domicile de trois ans, ajouter au temps pendant lequel il justifie avoir travaillé chez des maîtres et patrons, celui que ses ascendants, domiciliés dans la même commune, déclarent qu'il a passé chez eux (Cass., 19 août 1850).

135. Le père qui ne paie pas la contribution personnelle, et qui ne peut autrement justifier de son domicile triennal, manque de capacité pour attester le domicile de son fils par le certificat dont l'art. 3, n° 2, autorise la délivrance (Cass., 21 août 1850).

§ 3. Déclaration des maîtres ou patrons.

136. Le troisième mode de preuve de domicile électoral consiste dans la déclaration de maîtres ou patrons, en ce qui concerne les *majeurs* qui servent ou travaillent habituellement chez eux, lorsque ceux-ci demeurent dans la même maison que leurs maîtres ou patrons, ou dans les bâtiments d'exploitation (L. 31 mai 1850, art. 3, § 3, et art. 4).

137. La première question qui se présente est celle de savoir ce qu'il faut entendre par les mots : *majeurs qui servent ou travaillent habituellement chez les maîtres ou patrons*. En d'autres termes, qu'est-ce qu'un maître, qu'est-ce qu'un patron ?

Une jurisprudence invariable a décidé, comme on le verra ci-après, que l'employé et le commis, comme le domestique et l'ouvrier, pouvaient se prévaloir du certificat de la personne chez laquelle ils travaillent. Ainsi, les clercs des officiers ministériels, les employés ou commis de commerçants, d'administrations, et même de simples particuliers, pourvu d'ailleurs qu'ils réunissent les autres conditions voulues par la loi, pourront se faire inscrire sur la liste électorale, d'après le certificat qui leur aura été délivré par la personne chez laquelle ils travaillent (Cass., 11, 12, 13 et 18 nov. 1850 ; 6 et 15 janv. 1851).

138. Le mot de maître ou patron ne s'entend pas seulement, comme on le voit, de celui qui emploie pour son service, dans son intérêt purement personnel, un domestique, un ouvrier, ou un commis. Ainsi, le gérant d'une société, le chef d'une communauté autorisée (Cass., 20 août 1850), les membres de la commission d'un hospice (Cass., 13 novembre 1850) peuvent délivrer le certificat aux ouvriers, serviteurs ou autres qui sont employés dans l'établissement placé sous leur direction. Il faut observer toutefois que, dans cette dernière hypothèse, le certificat n'est valable qu'autant qu'il émane de la personne de qui relèvent toutes les autres ; de la personne, en un mot, collective ou privée, à laquelle peut s'appliquer sans conteste, la qualité de maître ou d'autorité dirigeante. Ainsi, la supérieure d'un couvent des dames hospitalières peut délivrer certificat valable au concierge du couvent (Cass., 20 août 1850).

139. Le chef d'une communauté vouée à l'enseignement primaire, et autorisée par le Gouvernement, a qualité pour délivrer le certificat de domicile aux domestiques et hommes de peine employés dans l'établissement (Cass., 19 nov. 1850).

140. Le directeur d'un abattoir a également qualité pour délivrer le certificat de domicile au concierge d'un tel établissement ; sa déclaration doit être considérée comme délivrée par l'administration municipale elle-même, dont le directeur de l'abattoir est le délégué (Cass., 11 nov. 1850).

141. Mais la supérieure des sœurs dans un hospice ne pourrait pas le donner aux domestiques, même placés sous ses ordres, parce que, dans ce cas, elle se trouve elle-même placée sous l'autorité de la commission de l'hospice (Cass., 20 nov. 1850). La déclaration de domicile, dans ce dernier cas, devrait être délivrée par les membres de la commission administrative (Cass., 13 nov. 1850).

142. Le chef d'une société ou association agricole est-il un patron ? Cette question, très-intéressante pour les électeurs des campagnes, a été largement interprétée par la jurisprudence de la Cour de cassation. Ainsi elle pense que le chef d'une société ou association agricole, dont le nom est seul ostensible dans ses rapports avec les tiers et avec le fisc, est un patron dans le sens de l'art. 3, § 3, de la loi du 31 mai 1850, et, par conséquent, comme pouvant procurer, à l'aide de son certificat, la capacité électorale à ses coassociés, lorsqu'en effet il est attesté qu'ils travaillent comme ouvriers à l'exploitation commune (Cass., 21 août 1850)

143. Lorsque, suivant un usage fréquemment suivi dans l'ancienne province de Vendée, des frères ou parents cultivent des propriétés rurales sous la direction de l'un d'eux, qui les tient à bail, étant logés et nourris par celui-ci, ne recevant pour leurs services aucun prix en argent, mais ayant droit au partage des fruits et produits, les membres de cette sorte de communauté d'agriculture doivent être considérés comme des subordonnés vis-à-vis de celui qui la dirige, et celui-ci a qualité pour leur délivrer un certificat de domicile conformément au § 3 de l'art. 3 de la loi du 31 mai 1850 (Cass., 11 nov. 1850).

144. Mais il doit en être autrement des métayers, bordiers ou colons partiaires, vis-à-vis du proprié-

taire (Cass., 13 nov. 1850). Le métayer ou colon
partiaire n'est plus un employé ordinaire : ses rapports avec le propriétaire ne sont plus ceux existants
entre le domestique et son maître, mais bien ceux
d'un fermier à l'égard d'un bailleur (Cass., 12 et 19
nov. 1850). En effet, les dispositions du Code civil
qui ont trait au colon partiaire sont placées sous la
rubrique de baux à ferme, et, spécialement, la loi
l'assimile au fermier en plus d'un cas, notamment au
cas de la contrainte pas corps.

145. Un métayer qui n'a pas été inscrit nominativement sur le rôle des prestations en nature, mais seulement par l'indication de l'exploitation dont il est
chargé, a même le droit de se faire porter sur la liste
électorale, en vertu de cette inscription irrégulière,
lorsqu'il ne s'élève aucun doute sur son application
à sa personne, et qu'il est établi qu'il a toujours payé
le montant de la taxe afférente à son exploitation
(Cass., 12 nov. 1850).

146. Quant aux maîtres-valets, il a été décidé qu'ils
ont pu se prévaloir du certificat de domicile à eux délivré par le propriétaire qui les emploie, lorsque le
juge de paix, pour les considérer comme domestiques
au service agricole de celui-ci, s'est fondé sur ce
qu'ils recevaient des gages, sur ce qu'ils habitaient
les bâtiments d'exploitation de leur maître, sur ce
qu'ils étaient au service exclusif de l'auteur du certificat, et sur ce qu'enfin ils avaient été dispensés de
figurer sur le rôle de la contribution personnelle
précisément à cause de leur qualité de domestiques
(Cass., 18 novembre 1850).

147. Mais le valet de ferme qui produit un certificat
de son maître pour prouver son domicile électoral ne
peut pas, lorsque ce certificat ne s'applique qu'à un
temps moindre de trois ans, compléter la période
triennale par un certificat à lui délivré par le même
maître, non plus en qualité de domestique, mais
comme métayer. En effet, les rapports du métayer, à
l'égard du propriétaire, ne sont plus ceux existants
entre le domestique et son maître, mais bien ceux

d'un fermier à l'égard du bailleur. Le métayer n'est plus sous la dépendance du propriétaire ; il habite souvent des bâtiments qui lui appartiennent, et lorsqu'il est logé dans les bâtiments de ce dernier, c'est comme locataire et non comme domestique d'exploitation (Cass., 12 nov. 1850).

148. Est valable le certificat délivré au régisseur d'un établissement industriel, habitant les bâtiments d'exploitation, par le fondé de pouvoir du propriétaire de cet établissement, alors même que ni le propriétaire ni son fondé de pouvoir n'habitent le lieu où est situé l'établissement ; le fait que l'employé demeure dans les bâtiments d'exploitation suffit pour que le certificat du patron soit admis, sans qu'il soit nécessaire d'examiner qu'ils habitent tous deux, soit la même maison, soit la même commune (Loi 31 mai 1850, art. 3, § 3 ; Cass., 3 fév. 1851).

149. Celui qui est inscrit sur la liste électorale d'une commune, à raison de son inscription sur le rôle de la contribution personnelle ou des prestations en nature, est irrecevable à demander son inscription sur la liste d'une autre commune, au moyen d'un certificat à lui délivré par son maître ou patron. Ce certificat est inconciliable avec la position de domicilié résultant de l'impôt personnel (Cass., 19 nov. 1850).

150. En admettant comme preuve du domicile la déclaration des maîtres ou patrons, en ce qui concerne leurs domestiques et ouvriers résidant dans les bâtiments d'exploitation, la loi n'exige pas que ces bâtiments soient attenants à l'habitation du patron, ou situés dans la même commune. En conséquence, le concierge d'un établissement de bienfaisance doit être inscrit sur la liste électorale, en vertu de la déclaration du président de la société, bien que celui-ci habite une autre commune que celle où est situé l'établissement (Cass., 28 août 1850).

151. Le chef d'une usine a qualité, lorsqu'on ne lui conteste pas son droit d'électeur, pour délivrer à ceux de ses ouvriers qui habitent une dépendance de son usine le certificat autorisé par l'art. 3, § 3.

On doit considérer comme dépendance de l'établissement le bâtiment qui en est séparé, mais qui est
compris dans le même emplacement servant à l'exploitation, alors même qu'il aurait une sortie particulière, s'il est constaté que le maître en conserve la
clef, et se trouve ainsi avoir ses ouvriers sous les yeux
et à sa portée (Cass., 21 août 1850).

152. Le maître non domicilié dans la commune
où se trouve situé un domaine qu'il fait exploiter par
des serviteurs à gages, et qui demeurent habituellement dans les bâtiments d'exploitation, peut valablement leur délivrer le certificat de domicile dont
parle l'art. 3, § 3, de la loi du 31 mai 1850, lorsqu'il est
constaté, en fait, qu'à certaines époques de l'année il
vient habiter son domaine (Cass., 26 février 1851).

Ainsi il n'est pas nécessaire, d'après un dernier
arrêt de la Cour suprême, du 28 mai 1851, que les
maîtres ou patrons habitent la même maison ou la
même commune que ceux qui servent ou travaillent
pour eux, pour qu'ils puissent valablement délivrer à
ceux-ci les certificats prescrits par l'art. 3, § 3, de la
loi du 31 mai 1850, alors que lesdits domestiques ou
ouvriers habitent des bâtiments d'exploitation.—Jurisprudence constante (Cass.,28 août 1850 et 28 mai 1851).

153. Mais les ouvriers qui occupent un logement
qui ne fait pas partie de l'habitation du maître, ou
qui n'en est pas une dépendance, ne peuvent se
servir utilement, au point de vue électoral, de la
déclaration de leur maître (Cass., 21 août 1850).

154. Le propriétaire qui n'habite pas la même
commune que les ouvriers qu'il emploie habituellement dans son domaine rural n'a pas qualité pour
leur délivrer le certificat de domicile autorisé par
l'art. 3; il en est de même, par voie de conséquence,
du régisseur des biens de ce propriétaire : il ne saurait avoir plus de droit que celui-ci. Il en est autrement lorsque le régisseur d'une exploitation rurale
est le représentant d'une association, telle que la
caisse hypothécaire, qui s'individualise dans la personne de ce gérant. Le certificat délivré par lui aux

valets de ferme est censé l'être par le propriétaire
lui-même, et il est parfaitement valable lorsque,
comme dans l'espèce, le régisseur de qui il émane
habite le chef-lieu de l'exploitation (Cass., 12 nov.
1850).

155. Le clerc de notaire qui demeure chez son
père, domicilié dans la même commune qu'habite le
notaire chez lequel il travaille, n'est pas assujetti à la
preuve d'un domicile personnel. Il peut se faire inscrire sur la liste électorale de cette commune, au
moyen de la déclaration de son père donnée dans les
formes prescrites par la loi (L. 31 mai 1850, art. 3,
§ 2, et art. 4; Cass., 28 août 1850).

156. Le maître-clerc qui travaille toute la journée
dans la maison de son patron, dans laquelle il a une
chambre où sont ses meubles et ses livres, et qui couche
dans une autre maison appartenant également à son
patron, et située dans la même commune, doit être
admis à se prévaloir de la déclaration de son patron
(Cass., 28 août 1850).

157. Mais le clerc de notaire qui habite une chambre distincte et séparée de l'habitation de son patron,
chez lequel, par conséquent, il n'a pas son logement,
ne peut se prévaloir du certificat de celui-ci (Cass.,
21 août 1850).

158. Le certificat de domicile délivré par le maître
à son domestique est valable pour le temps passé à la
campagne avec son maître, bien que celui-ci habite
une maison séparée par une rue de celle où couche
son domestique. Il n'est pas nécessaire que l'habitation
du domestique soit une annexe, une dépendance immédiate de l'habitation du maître (Cass., 12 nov. 1850).

159. Mais le certificat délivré par un propriétaire
à son concierge qui n'habite pas la même maison que
lui, est sans efficacité pour conférer le droit électoral
à ce concierge (Cass., 21 août et 19 nov. 1850).

160. Un domestique a été valablement porté sur la
liste électorale du lieu du domicile de son maître au
moyen d'un certificat de ce dernier délivré dans les
formes voulues par la loi. Peu importe que la femme

de ce domestique ait une demeure séparée. Cette circonstance ne change pas la position de son mari vis-à-vis de celui au service duquel il est attaché. Son domicile n'en est pas moins celui de son maître (Cass., 20 août 1850).

161. La veuve qui n'habite pas l'établissement agricole qu'elle fait exploiter par des ouvriers n'a pas qualité pour leur délivrer le certificat autorisé par l'art. 3, § 3, de la loi du 31 mai 1850. La loi ne dispose dans cet article qu'en faveur de serviteurs ou ouvriers qui demeurent dans la même maison que leurs maîtres ou patrons, ou dans les bâtiments d'exploitation qui sont une dépendance de l'habitation de ces derniers (Cass., 3 mars 1851).

162. Un jardinier ou un garde particulier, à l'égard duquel il est constaté, en fait, par le juge de paix, qu'il demeure dans un bâtiment compris dans l'enceinte des bâtiments d'exploitation et formant une dépendance de la maison de son maître, a eu le droit de se faire inscrire sur la liste électorale en vertu d'un certificat de ce dernier, conformément au § 3 de l'art. 3. Le jardinier et le garde particulier sont des serviteurs attachés à l'exploitation agricole de celui qui les emploie en cette qualité (Cass., 19 août 1850).

Bien qu'un ouvrier habite la maison même habitée par son patron, et dont celui-ci est propriétaire, il ne peut néanmoins se prévaloir de la déclaration de ce patron, pour obtenir son inscription sur la liste électorale, lorsque sa demeure est distincte de celle de son patron, et qu'il l'occupe à titre de locataire (Cass., 23 avril 1851).

163. Le commis négociant ne peut se prévaloir de la déclaration des patrons qui se sont succédé dans l'exploitation de la maison de commerce à laquelle il prétend, d'après ces déclarations, avoir été attaché à demeure pendant trois ans, lorsqu'il est constaté, par la décision attaquée, qu'il n'a séjourné chez eux que pendant deux ans depuis sa majorité. Il ne peut compléter sa justification, pour le temps antérieur,

par un certificat de ses père et mère qui n'habitent pas le même canton que lui (Cass., 13 août 1850).

164. Le fondé de pouvoir n'est pas un domestique; il ne peut dès lors faire usage, dans l'intérêt de son droit électoral, du certificat de domicile à lui délivré par celui ou celle dont il est le mandataire (Cass., 13 nov. 1850).

165. Celui qui, n'établissant pas la preuve de son domicile par l'inscription au rôle de la contribution personnelle, veut y suppléer par un certificat de patron, doit en faire la production avant le 31 décembre. Son certificat est donc tardivement produit après ce délai (L. 31 mai 1850, art. 4, § 1er; Cass., 3 mars 1851).

166. Un ouvrier ou domestique peut cumuler le temps passé chez divers maîtres, dans plusieurs communes du même canton, pour prouver son domicile triennal (Cass., 12 et 13 nov. 1850).

167. Le juge de paix ne peut se fonder sur sa seule conviction personnelle pour refuser effet à la déclaration faite par un citoyen qu'une personne habite chez lui, en qualité de domestique (L. 31 mai 1850, art. 3, § 3; Cass., 11 nov. 1850).

168. Le chef d'un établissement de forges qui n'y demeure pas n'a pas qualité pour délivrer le certificat de maître ou de patron. C'est au directeur local de l'usine qu'il appartient de donner, en connaissance de cause, l'attestation de domicile dont peut avoir besoin un domestique ou un ouvrier attaché à l'usine (Cass., 20 nov. 1850).

169. Le père qui demeure chez son fils, et qui n'y exerce aucune fonction déterminée, ni comme ouvrier, ni comme serviteur à aucun titre, est réputé y être reçu par suite de l'accomplissement d'une obligation naturelle. Il ne peut donc se prévaloir du certificat de son fils, pour se faire inscrire sur la liste électorale (Cass., 4 mars 1851).

170. Le régisseur d'un domaine dans lequel le propriétaire habite une partie de l'année a droit de se faire porter sur la liste électorale, en vertu de

l'attestation de domicile qui lui a été délivrée par ce dernier. Ce certificat rentre dans les dispositions de l'art. 3, § 3, de la loi du 31 mai 1850.

171. La chambre civile a même jugé, par arrêt du 28 août 1850, que la loi n'exige pas que les bâtiments d'exploitation soient attenants à la maison du patron, ou soient situés dans la même commune que la maison occupée par le maître ou patron (Cass., 4 mars 1851).

Un précepteur, habitant avec les enfants dont il fait l'éducation dans la maison de l'ascendant auquel est confiée la direction de ces enfants, doit être considéré comme servant ou travaillant habituellement chez ces ascendants, dans le sens de la loi électorale, et doit en conséquence être admis à se prévaloir, pour être inscrit sur les listes électorales, d'une déclaration émanée de cet ascendant (L. 31 mai 1850, art. 3, § 3; Cass., 28 mai 1851).

172. De même le régisseur d'un château dont le propriétaire est domicilié dans une autre commune peut se prévaloir de la déclaration de celui-ci pour être inscrit sur la liste électorale. Préposé à la garde du château et à l'administration de la propriété, il doit être considéré comme habitant un bâtiment d'exploitation, et, dès lors, il n'est pas nécessaire que le maître habite la même maison pour que sa déclaration soit admise (L. 31 mai 1850, art. 3, n° 3; Cass., 11 mars 1851).

173. Mais le propriétaire qui n'habite pas la même maison que son concierge n'a pas qualité pour délivrer à celui-ci le certificat de domicile autorisé par l'art. 3 de la loi du 31 mai 1850. — Jurisprudence constante (Cass., 19 nov. 1850).

174. Après la mort du maître, les gens attachés à son service peuvent, en considérant son décès comme un empêchement, se pourvoir devant le juge de paix pour obtenir de lui l'attestation qui doit suppléer au certificat du maître décédé, conformément à l'art. 4 de la loi du 31 mai 1850 (Cass., 28 mai 1851). V. sup., n° 44.

175. Il n'est pas nécessaire, pour la validité du certificat du maître, que les bâtiments d'exploitation dans lesquels habitent les ouvriers ruraux qu'il emploie à la culture de son domaine soient attenants à la maison du maître, ou situés dans la même commune que cette maison (Cass. , 28 août 1850 , 6 mars 1851).

176. Le domestique qui rapporte deux certificats de maîtres à l'appui de son domicile, lesquels, réunis, attestent un domicile de trois ans, ne peut, néanmoins, s'en servir utilement pour son inscription sur la liste électorale, lorsque, entre les dates de ces deux certificats, il existe une lacune de huit mois passés dans un hospice. Cet intervalle établit une solution de continuité dans le domicile triennal, que chaque certificat ne prouve qu'en partie (Cass., 19 nov. 1850). Néanmoins une lacune de trois jours entre la sortie du domestique de chez son premier maître et son entrée chez le second serait insuffisante pour repousser la demande (Cass., 14 avril 1851).

177. Les déclarations doivent être faites, à peine de déchéance, dans les délais rigoureux de la loi (Arg. Cass., 11 nov. 1850).

178. Ainsi la demande à fin d'inscription sur la liste électorale ne peut être admise, lorsqu'elle repose sur un certificat de patron produit seulement après le délai fixé par l'art. 16 de la loi du 31 mai 1850 (Cass., 7 juill. 1851).

179. Le délai des déclarations fixé par l'art. 4 de la loi électorale de 1850 ne s'applique pas à la production du jugement à rendre, par le juge de paix, en cas de refus ou d'empêchement des maîtres ou patrons, ou des ascendants.

Sect. IV. — *Fonctionnaires publics.* — *Ministres en exercice des cultes reconnus par l'État.* — *Membres de l'Assemblée nationale.*

§ 1er. Fonctionnaires publics.

180. Les fonctionnaires publics qui, à l'époque de

la formation des listes électorales, sont en exercice
dans une commune, ne sont point astreints à la trien-
nalité du domicile, pour obtenir d'y être inscrits (L.,
31 mai 1850, art. 5).

181. La qualification de *fonctionnaire public* est
prise par l'art. 5 de la loi du 31 mai 1850, dans
le sens le plus large, et s'applique à toute personne
investie, à un degré quelconque, d'une délégation publique, et généralement à tous ceux qui sont rétribués
sur les fonds de l'Etat ou des communes, ou qui,
bien que remplissant une fonction gratuite et indépendante du pouvoir exécutif, ont part, dans une certaine mesure, au maniement des affaires publiques.

182. Mais il ne suffit pas de se dire fonctionnaire
public ou employé du Gouvernement, pour se faire
inscrire sur la liste électorale en cette qualité, ni
même de rapporter une déclaration du chef d'un établissement public : on doit, d'après un arrêt de la
Cour de cassation, du 11 nov. 1850, justifier de sa
commission ou brevet émané de l'autorité publique,
seule preuve de la fonction dont on se prétend investi.

Cet arrêt de la chambre des requêtes aurait des effets désastreux s'il était interprété strictement ; mais
nous pensons qu'on doit le considérer plutôt comme
un arrêt d'espèce qu'un arrêt de principe, et que
même le fonctionnaire public dont les fonctions sont
de notoriété publique dans la commune où il les
exerce doit être porté d'office sur la liste électorale ;
c'est, du reste, ce qui se pratique généralement partout sans réclamation. Aussi la Cour n'a-t-elle eu,
dans l'espèce, à statuer que sur une seule réclamation.

183. Ainsi, sont fonctionnaires publics, dans le
sens de l'art. 5 de la loi électorale, et doivent, en conséquence, être inscrits sur les listes électorales de la
commune où ils exercent leurs fonctions, lors même
qu'ils n'auraient pas trois ans de domicile : l'inspec-
teur d'un établissement public (Cass., 21 août 1850) ;
— le percepteur (Cass., 26 août 1850) ; — le surnuméraire de l'enregistrement (Cass., 20 nov. 1850) ;
— le percepteur surnuméraire (Cass., 18 et 19 nov.

1850); — les entreposeurs de tabacs (Cass., 3 mars 1851); — les entrepreneurs des dépêches de l'administration des postes (Cass., 9 avril 1851).

184. Les chefs et sous-chefs de préfecture sont réputés fonctionnaires publics comme agents administratifs salariés sur les fonds de l'Etat (Cass., 20, 21 août et 12 nov. 1850).

185. Les employés des préfectures sont des fonctionnaires publics dans le sens de l'art. 5 de la loi du 31 mai 1850, et doivent, en conséquence, être inscrits sur les listes électorales de la commune où ils exercent leurs fonctions, quelle que soit la durée de leur domicile (Cass., 12, 20 et 21 août, 5, 13, 20 et 25 nov. 1850).

186. Il en est de même des employés des sous-préfectures (Cass., 10 déc. 1850; — du secrétaire d'un sous-préfet (Cass., 11 nov. 1850 (jurisprudence constante); — du secrétaire d'une mairie salarié sur les deniers communaux (Cass., 21 août et 25 nov. 1850); —de l'archiviste d'une ville (Cass., 9 et 21 août 1850).

187. Mais ces fonctionnaires, domiciliés dans une autre commune que celle où ils exercent leurs fonctions, ne peuvent réclamer leur inscription sur les listes électorales de la ville (ou commune), chef-lieu. Ces derniers mots de l'art 5 de la loi du 31 mai 1850 : *Quelle que soit la durée de leur domicile dans cette commune*, annoncent suffisamment que la faveur attachée à l'exercice des fonctions publiques n'existe que lorsqu'au fait de l'exercice des fonctions dans une commune se joint celui du domicile dans la même commune (Cass., ch. civ., 22 janv., 18 et 24 juin 1851).

188. Les greffiers et les commis-greffiers, même ceux des justices de paix, sont membres des tribunaux et Cours auxquels ils sont attachés, et, comme tels, ils sont fonctionnaires publics, dans le sens de l'art. 5 de la loi électorale du 31 mai 1850, et doivent, en conséquence, être inscrits sur les listes électorales de la commune où ils exercent leurs fonctions, alors même qu'ils n'auraient pas atteint trois ans de domicile (Cass., 14 août, 5 nov. 1850).

189. Suivant les lois organiques du notariat des 21 sept., 18 oct. 1791 et 25 ventôse an 2, art. 1er, les notaires sont des fonctionnaires publics, et doivent, à ce titre, être inscrits sur les listes électorales de la commune dans laquelle ils sont domiciliés, lors même qu'ils n'y auraient pas trois ans de domicile (Cass., 10, 13, 19 août et 19 nov. 1850).

190. Mais leurs clercs ne sont pas fonctionnaires publics par cela seul que leurs patrons sont considérés comme tels au point de vue électoral (Cass., 3 mars 1851).

191. Il en est de même des avoués (Cass., 12 nov., 9 déc. 1850 et 9 avril 1851) et des huissiers qui sont, au même titre que les avoués, fonctionnaires publics, dans le sens de l'article 5 de la loi du 31 mai 1850 (Cass., 4 mars 1851).

192. Le délégué à l'inspection des écoles primaires est fonctionnaire public dans le sens de la loi électorale, et doit être porté sur la liste de la commune où il réside, bien que ses fonctions s'exercent dans les diverses communes du canton assigné à son inspection. Ne pouvant être porté à la fois sur la liste de chacune de ces communes, il est naturel qu'il le soit sur celle de la commune où il a sa résidence habituelle (Cass., 2 avril 1851).

193. Le délégué cantonal académique est également un fonctionnaire public dans le sens de l'art. 5 de la loi du 31 mai 1850, et doit, en conséquence, être inscrit sur la liste électorale de la commune du canton dans lequel il exerce ses fonctions, où il est actuellement domicilié, bien que ce domicile n'ait pas encore duré trois ans (Cass., 16 avril 1851).

194. L'adjoint au maire d'une commune est fonctionnaire public, dans le sens de l'article 5 de la loi du 31 mai 1850, et doit, en conséquence, être porté sur la liste électorale de la commune où il exerce ses fonctions, quelle que soit la durée de son domicile (Cass., 20 nov. 1850).

195. Un conseiller municipal est, aux termes de l'art. 1er de la loi du 21 mars 1831, un fonctionnaire

public, et doit être inscrit, à ce titre, sur les listes électorales, par application de l'art. 5 de la loi du 31 mai 1850, alors même qu'il ne serait domicilié dans la commune que depuis moins de trois ans (Cass., 14 août, 11 et 18 nov. 1850).

196. Mais le conseiller municipal peut avoir son domicile dans une commune autre que celle où il exerce ses fonctions. Conséquemment il peut se faire porter sur la liste électorale de la commune où il prouve être inscrit depuis trois années, outre l'année courante, sur le rôle de l'impôt personnel ou des prestations en nature (Cass., 11 nov. 1850).

Il résulte des principes consacrés par les arrêts ci-dessus cités, conformes à un autre arrêt du 23 avril 1851, qu'un conseiller municipal ne peut réclamer son inscription sur les listes électorales de la commune où il exerce ses fonctions, qu'autant qu'il y est actuellement domicilié, et que l'art. 5 de la loi du 31 mai 1850 ne le dispense que de la preuve de la durée triennale de son domicile.

197. Le citoyen qui, en même temps qu'il remplit les fonctions de bibliothécaire communal, est secrétaire d'un conseil de discipline de la garde nationale, doit, du moins en cette dernière qualité, être porté sur la liste des électeurs. Il exerce, à ce titre, une fonction publique (Cass., 20 nov. 1850).

198. Le garde-ligne d'un chemin de fer, et qui est en même temps commissionné comme entreposeur par l'administration des postes, doit être considéré, à ce double titre, comme fonctionnaire public dans le sens de la loi du 31 mai 1850. Il a droit, en conséquence, à être inscrit sur la liste électorale (Cass., 5 nov. 1850).

199. Les officiers sans troupe et employés militaires doivent être inscrits sur la liste électorale du lieu où ils résident et exercent leur emploi (L. 31 mai 1850, art. 5 ; Cass., 16 avril 1851).

200. Les officiers de la garde nationale ne peuvent, en cette qualité, être inscrits sur les listes électorales : on ne saurait, en effet, les considérer ni comme des

militaires en activité de service, ni comme des fonctionnaires publics (L. 31 mai 1850, art. 5 et 6 ; Cass.,
9 avril 1851).

201. Un piqueur des chemins vicinaux a dû être inscrit
comme fonctionnaire public sur la liste électorale ;
il est commissionné par l'administration, et son sa-
laire porté au budget communal (Cass., 11 mars
1851.

202. Il en est de même du maître de poste qui est commissionné par arrêté du pouvoir exécutif et qui est
destituable par le même pouvoir. Son assimilation
au fonctionnaire public se justifie, en outre, au point
de vue électoral, par son assujettissement à la résidence, son exemption du service militaire à raison
du service public qui lui est confié, par l'obligation,
enfin, qui lui est imposée de surveiller le service des
postillons, et, par conséquent, de dresser des procès-
verbaux contre eux, en cas d'infraction aux règle-
ments (Cass., 5 nov. 1850).

203. Le garde particulier doit être considéré comme
fonctionnaire public, au point de vue électoral (Cass.,
6 nov. 1850, 10 mars 1851).

204. Mais un garde-messier n'est point un fonctionnaire public, *même* au point de vue électoral (Cass.,
10 mars 1851).

205. Le facteur rural est chargé d'un service public
pour lequel il est salarié par l'administration générale des postes. Il est donc fonctionnaire public au
point de vue de la loi électorale, et doit, à ce titre,
être inscrit sur la liste des électeurs (Cass., 5 nov.
1850).

206. Le portier-consigne d'une place forte est
fonctionnaire public dans le sens de l'art. 5 de la loi
du 31 mai 1850 (Cass., 14 août 1850).

207. Le facteur dans une halle est, à raison du
serment qu'il prête en cette qualité et du droit que
son emploi lui confère de dresser des procès-verbaux
contre les contrevenants, un fonctionnaire public
dans le sens de l'art. 5 de la loi du 31 mai 1850 (Cass.,
26 août 1850).

208. Les gendarmes sont des fonctionnairés publics, dans le sens de l'art. 5 de la loi du 31 mai 1850; ils sont chargés d'un service public pour lequel ils reçoivent un traitement payé sur les fonds de l'Etat. Quoique organisés militairement, ils ne peuvent pns être confondus avec les militaires présents sous les drapeaux, qui, d'après la nouvelle loi électorale, doivent être inscrits sur la liste de la commune où ils ont satisfait à l'appel du recrutement. Ils ont le droit, en conséquence, de se faire porter sur la liste de la commune où ils font leur service, sans aucune justification du domicile triennal (Cass., 12, 20 et 26 août 1850).

209. Les membres d'un bureau de bienfaisance, dont la nomination est faite par le préfet et confirmée par le ministre de l'intérieur, remplissent une fonction publique qui doit les faire jouir de l'exception portée dans l'art. 5 de la loi électorale de 1850 (Cass., 21 août et 5 nov. 1850).

210. Mais il en est autrement des membres des conseils de fabrique, et même du trésorier, qui ne sont pas fonctionnaires publics dans le sens de la loi électorale; ils ne reçoivent aucune délégation du pouvoir exécutif (Cass., 14 août 1850).

211. Un employé dans un chemin de fer qui, par la nature particulière de son emploi, est soumis au serment et chargé de dresser des procès-verbaux pour constater les contraventions, est un fonctionnaire public, dans le sens de l'art. 5 de la loi du 31 mai 1850, et n'est, en conséquence, obligé à aucune preuve de domicile, pour se faire inscrire sur la liste électorale (Cass., 27 août 1850).

212. Il en est de même d'un cantonnier-chef; mais le simple cantonnier qui ne prête pas serment, qui n'a pas qualité pour dresser des procès-verbaux, n'est pas un fonctionnaire public; c'est un simple ouvrier travaillant sur les routes, et qui, pour se faire inscrire comme électeur, est obligé de faire les justifications ordinaires de son domicile triennal (Cass., 21 août et 13 nov. 1850).

213. L'agent de police nommé par le maire et payé sur les fonds de la caisse municipale doit être considéré comme fonctionnaire public, au point de vue électoral (Cass., 21 août 1850 et 10 mars 1851).

214. Un gardien de palais, de musée (dans l'espèce, un gardien du Louvre), est un préposé à la police intérieure d'un établissement public, et à la conservation des objets d'art appartenant à l'Etat. Il doit ainsi, en cette qualité, être considéré comme fonctionnaire public au point de vue électoral (Cass., 25 nov. 1850).

215. Mais l'emploi de garçon de bureau à la Cour des comptes ne peut être considéré comme une fonction publique donnant le droit d'inscription, aux termes de l'art. 5 de la loi du 31 mai 1850. Au surplus, et en supposant le contraire, celui qui est pourvu d'un tel emploi ne pourrait s'en prévaloir qu'à Paris et non dans une autre commune (Cass., 28 août 1850.)

216. Le simple moniteur général dans une institution d'enseignement mutuel, non commissionné par l'autorité administrative, n'est pas un instituteur, et par conséquent, il ne peut, à aucun titre, se faire inscrire, comme fonctionnaire public, sur la liste électorale (Cass., 11 mars 1851).

217. Un adjudant sous-officier dans la garde nationale ne peut non plus réclamer le bénéfice de l'art. 5 de la loi du 31 mai 1850, et se faire considérer comme remplissant une fonction publique (Cass., 11 mars 1851).

218. Il en est de même d'un instituteur privé (Cass., 5 nov. 1850).

219. Les frères de la doctrine chrétienne, commissionnés à titre d'instituteurs communaux et rémunérés par la commune, doivent être considérés comme fonctionnaires publics et inscrits en cette qualité sur la liste électorale de la commune dans laquelle ils exercent leur enseignement (Cass., 12 et 18 nov. 1850). Mais il en est autrement, lorsque ces frères ne sont pas commissionnés à cet effet par l'autorité compétente. Ils ne sont alors que les auxiliaires, les

collaborateurs de l'instituteur en titre, et ne peuvent conséquemment jouir de l'exception de l'art. 5 de la loi du 31 mai 1850 (Cass., 18 nov. 1850).

220. Le concierge d'un abattoir est, par la nature de son emploi, chargé d'un service public qui doit le faire jouir de l'exception de l'art. 5 de la loi électorale. Forcé à résider là où il est employé, nommé par l'autorité municipale et rétribué sur la caisse communale, il doit être assimilé aux fonctionnaires publics, au point de vue de la loi du 31 mai 1850 (Cass., 20 août 1850).

221. Mais un homme de peine employé dans un abattoir, considéré comme un établissement public, n'est qu'un ouvrier ordinaire, qui n'a pas le droit de se faire inscrire sur la liste électorale sans prouver son domicile triennal (Cass., 21 août 1850).

222. La qualité de fonctionnaire public se conserve jusqu'à la destitution. La simple suspension ne prive pas un fonctionnaire de sa qualité. En conséquence, le maire d'une commune, dont la suspension a été prononcée par le préfet, n'en doit pas moins être inscrit, comme fonctionnaire public, sur la liste électorale de cette commune (L. 31 mai 1850, art. 5; Cass., 10 déc. 1850).

Mais le citoyen qui faisait partie d'un conseil municipal, dont un décret du Président de la République a prononcé la dissolution, a perdu, par l'effet de cette dissolution, le caractère de fonctionnaire public qu'il avait eu jusque-là au point de vue et dans le sens de l'art. 5 de la loi du 31 mai 1850, et ne peut plus réclamer, à ce titre, son inscription sur la liste électorale (Cass., 9 avril 1851).

223. L'art. 5 de la loi du 31 mai 1850, qui ordonne l'inscription des fonctionnaires publics dans le lieu où ils exercent leurs fonctions, sans autre justification de domicile, contient une exception aux règles générales de la loi, motivées sur la position personnelle du fonctionnaire; mais toute exception doit être restreinte au cas pour lequel elle a été faite, et dans aucune de ses dispositions la loi n'autorise à étendre

celle dont il s'agit aux fils ou domestiques du fonctionnaire public (Cass., 12 et 18 août 1850; 2 et 14 avril 1851).

224. Le citoyen qui, après avoir exercé une fonction publique, est rentré immédiatement dans le domicile de sa belle-mère avec laquelle il avait demeuré depuis plus de trois ans sans interruption, au moment de l'acceptation de ses fonctions, a pu se faire inscrire sur la liste électorale de ce domicile, au moyen du certificat de sa belle-mère, délivré conformément à l'art. 3,§ 3, de la loi du 31 mai 1850, ou sur la liste électorale de la commune où il avait acquis un domicile triennal, avant sa nomination. On ne peut pas considérer comme opérant solution de continuité le temps pendant lequel ce citoyen a été fonctionnaire public dans une autre commune (Cass., 28 août, 13 nov. et 10 déc. 1850). Toutefois la Cour suprême, par un dernier arrêt de la chambre des requêtes, conforme à la jurisprudence de la chambre civile, en date du 5 mars 1851, a décidé que l'individu qui, par suite des fonctions publiques dont il est revêtu, quitte la commune où il était domicilié, et revient s'y fixer après la cessation de ses fonctions, ne peut pas invoquer son ancienne résidence pour constituer un domicile triennal.

225. Le juge complémentaire d'un tribunal de commerce auquel le sort a conféré l'aptitude à être appelé accidentellement pour compléter le tribunal ne peut pas être considéré comme fonctionnaire public dans le sens de l'art 5 de la loi du 31 mai 1850. Les juges complémentaires sont, pour les tribunaux de commerce, ce que sont les avocats et les avoués pour les tribunaux civils. Ils n'ont le caractère de juges, et, par conséquent, de fonctionnaires, qu'au moment où, en l'absence des juges titulaires et des juges suppléants, ils sont appelés à siéger. Ils entrent alors, mais alors seulement, dans la composition du tribunal (Cass., 3 mars 1851).

226. Le caissier d'un receveur particulier ne peut pas être placé dans la classe des fonctionnaires pu-

blics. Il n'est pas commissionné par le Gouvernement, il n'est que l'homme de confiance du receveur qui le rétribue de ses deniers (Cass., 4 mars 1851).

227. Les commissaires de quartier d'une ville ne sont que les délégués du maire à titre officieux, et ne peuvent, par conséquent, être considérés comme fonctionnaires publics au point de vue électoral.

228. Le crieur et afficheur, qui, par arrêt de la chambre des requêtes du 12 nov. 1850, avait été considéré comme fonctionnaire public, ne peut, sous aucun rapport, être considéré comme tel, et l'art. 5 de la loi du 31 mai 1850 lui est inapplicable (Cass., 10 déc. 1850).

229. Les sapeurs-pompiers communaux, en général, ne sont revêtus d'aucune portion de la puissance publique, et ne peuvent, même dans le sens de l'art. 5 de la loi du 31 mai 1850, être considérés comme des fonctionnaires publics. Ils ne sont qu'une annexe de la garde nationale (Cass., 2 déc. 1850); néanmoins, ces décisions ne paraissent pas, suivant nous, devoir s'appliquer aux sapeurs-pompiers de la ville de Paris ou des autres grandes communes dans lesquelles ils sont organisés militairement et soldés sur les fonds publics.

230. Le sonneur de cloches, dans une paroisse, n'est pas un fonctionnaire public, même dans le sens de la loi électorale : il doit prouver son domicile de trois ans dans la forme et suivant les prescriptions du § 1er de l'art. 3 de la loi du 31 mai 1850 (Cass., 6 août 1850).

231. L'emploi de gardien de bureau à l'administration centrale des douanes n'est pas une fonction publique qui dispense celui qui en est pourvu de remplir les conditions de domicile exigées par la loi électorale de tous les citoyens non fonctionnaires publics. Il n'est qu'un serviteur à gages (Cass., 5 mars 1851).

Nota. On pourra sans difficulté résoudre par analogie, au moyen des décisions sus-rapportées, sect. 3 et 4, de la Cour suprême, les questions nouvelles qui pourraient se présenter, soit devant les commis

4.

sions municipales, soit, en appel, devant les justices de paix.

§ 2. Ministres en exercice des cultes reconnus par l'Etat.

232. La loi électorale du 31 mai 1850, par son art. 5, 2ᵉ alinéa, assimile aux fonctionnaires publics les ministres *en exercice* des cultes reconnus par l'Etat. La qualité d'ecclésiastique seule ne suffirait donc pas pour invoquer l'exception de cet article; mais par ces mots, *en exercice*, il ne faut pas seulement entendre le ministre remplissant ses fonctions de prêtre dans la paroisse. Tout ecclésiastique *en exercice*, soit dans une paroisse, soit dans le sein d'un établissement ecclésiastique, doit jouir du droit d'être inscrit sur la liste électorale de la commune où il remplit son ministère sous l'obédience de l'évêque diocésain (Cass., 11 nov. 1850).

233. Ainsi le prêtre qui est attaché comme aumônier à l'exercice du culte dans une communauté religieuse a le droit d'être porté sur la liste électorale (Cass., 19 août 1850).

234. Ainsi le supérieur d'un séminaire préposé par l'autorité diocésaine à l'instruction ecclésiastique dans un établissement de ce genre est un ministre du culte *en exercice*, et il a le droit, à ce titre, à se faire porter sur la liste électorale de la commune dans laquelle se trouve l'établissement (Cass., 11 et 12 nov. 1850).

235. Sont également ministres du culte *en exercice* les ecclésiastiques attachés comme professeurs à un établissement clérical dans lequel ils remplissent, en outre, les fonctions de leur ministère comme prêtres (Cass., 11 nov. 1850).

236. Il en est de même du prêtre succursaliste ou desservant (Cass., 19 nov. 1850).

237. Le ministre du culte réformé qui ne produit aucune délégation du consistoire duquel il dépend ne prouve pas qu'il est ministre en exercice, et par conséquent il ne peut se faire inscrire en cette qualité sur la liste électorale (Cass., 10 mars 1851).

§ 3. Membres de l'Assemblée nationale.

238. Les membres de l'Assemblée nationale peuvent se faire inscrire sur la liste électorale du lieu où siége l'Assemblée. Ceux qui n'ont pas requis cette inscription ne peuvent voter qu'au lieu de leur domicile (L. 31 mai 1850, art. 5, 1er alinéa).

239. Les représentants du peuple se trouvent, comme on le voit, dans une position plus favorable que les autres fonctionnaires. La loi dit positivement, à leur égard, que leur droit d'électeur ne se trouve pas perdu par le fait de leur résidence au lieu où siége l'Assemblée.

240. Ils peuvent de plus se faire inscrire, sans être astreints à aucune justification, sur la liste du lieu où siége l'Assemblée, ni être obligés de se faire porter sur la liste de l'arrondissement où est situé le siége de l'Assemblée (Cass., 12 août 1850).

241. Le représentant qui a été inscrit d'office n'a plus besoin de faire aucune réquisition pour son inscription (Même arrêt).

SECT. V. — *Militaires et marins.*

242. Les militaires présents sous les drapeaux dans les armées de terre ou de mer doivent être inscrits sur la liste électorale de la commune où ils auront satisfait à l'appel. Ils sont donc inscrits sur la liste électorale de cette commune, et votent, au régiment, pour les candidats de leur domicile.

243. Les militaires faisant partie du contingent de l'armée active sont réputés présents sous les drapeaux, quoique momentanément laissés dans leurs foyers comme soutiens de leur famille ; il sont, en effet, à la disposition immédiate du ministre de la guerre, et, en cette qualité, ils doivent être inscrits sur la liste électorale de la commune où ils auront satisfait à l'appel, aux termes de l'art. 6 de la loi du 31 mai 1850 (Cass., 11 nov. 1850).

244. La présence d'un militaire sous les drapeaux, loin de lui faire perdre le domicile qu'il avait chez ses père et mère, au moment où il a satisfait à la loi

du recrutement, le lui conserve, au contraire, suivant
la disposition de la loi électorale; conséquemment,
il peut, lorsqu'il est rentré dans ses foyers depuis deux
ans, compter ces deux années à l'appui de son droit
électoral dans la commune dont il s'était momentanément absenté, et compléter la période triennale par la
déclaration de son père pour la troisième année (Cass.,
13 nov. 1850).

245. Le militaire qui n'est que momentanément
absent du régiment où il est incorporé et qui se trouve
dans ses foyers, en vertu d'une autorisation spéciale
motivée sur l'indigence de sa mère dont il est l'u-
nique appui, n'en est pas moins à la disposition du
ministre de la guerre, et peut, par conséquent, être
considéré comme militaire sous les drapeaux. Il peut
dès lors être inscrit en cette qualité sur la liste électorale de la commune où il a satisfait à l'appel pour
le recrutement (Cass., 28 août 1850).

246. Le militaire retraité ne peut pas se prévaloir
du droit que la loi électorale lui confère de voter dans
la commune où il a satisfait au recrutement, lorsqu'il
y rentre en quittant ses drapeaux, pour exercer son
droit électoral dans une autre commune où il n'a point
acquis le domicile suivant le mode ordinaire et légal.
Il est loisible sans doute au militaire qui quitte le service de se retirer dans une commune autre que celle
où il a son domicile d'origine, mais il ne peut y exercer ses droits électoraux qu'en prouvant, comme les
autres citoyens, qu'il y a acquis son domicile (Cass.,
18 nov. 1850).

247. Le citoyen qui, avant d'être appelé au service
militaire, avait son domicile chez son père, conserve
ce domicile, bien que son père en ait changé depuis
son départ. Il n'acquiert un nouveau domicile chez
son père que par six mois de résidence effective
à ce nouveau domicile (Cass., 23 avr. et 15 mars 1849).

248. Le militaire rentré dans ses foyers est soumis
à prouver son domicile, dans la forme et suivant les
conditions imposées aux autres citoyens (Cass., 10
mars 1851).

Néanmoins la Cour de cassation (ch. civ.), par arrêt du 21 mai 1851, a décidé que le citoyen qui, ayant été sous les drapeaux pendant un certain nombre d'années, a conservé par là le domicile électoral qu'il avait avant son départ, peut, après avoir reçu son congé définitif, réclamer son inscription sur les listes électorales de ce dernier domicile, bien qu'il n'y soit porté ni au rôle de la contribution personnelle, ni au rôle des prestations en nature, s'il est venu s'y établir aussitôt après sa libération, et si, à l'époque de la révision des listes électorales, il ne s'était pas écoulé un temps suffisant pour que son domicile pût être constaté par une inscription aux rôles. Spécialement, est fondé à demander, lors de la révision de 1851, son maintien sur les listes électorales de son domicile de départ, le militaire qui a fait retour, et dont la libération ne date que du 31 décembre 1850 (L. 31 mai 1850, art. 6 et 12).

Cette décision est la seule bonne à suivre.

249. Le militaire libéré à la fin de 1848 a dû faire, à partir de cette époque, les justifications de domicile par le mode qu'indique la loi du 31 mai 1850. En admettant que, pour 1849, il n'ait pas eu le temps nécessaire pour régulariser sa position, et que cette année ait dû lui être comptée (Cass., 21 mai et 7 juillet 1851); la même excuse ne pourrait être admise pour 1850, et le défaut de justification de domicile pour cette année a suffi pour faire repousser sa demande d'inscription sur la liste (Cass., 11 mars 1851).—Jugé toutefois que le militaire qui rentre dans la commune où il a satisfait à l'appel pour le recrutement, et où, par conséquent, il a voté étant sous les drapeaux, ne peut pas avoir perdu son domicile électoral par l'effet de sa libération. Il a le droit de se faire porter sur la liste de cette commune, non plus en vertu de l'art. 6 de la loi du 31 mai 1850, mais par continuation du domicile qu'il y a eu jusqu'alors sans interruption (Cass., 21 mai et 7 juillet 1851).

250. Le citoyen qui justifie d'avoir résidé pendant plusieurs années, comme gendarme, dans une ville

autre que le lieu de son domicile de départ, et qui, ayant quitté le service depuis deux ans, a été, depuis, cette époque, inscrit au rôle de la contribution personnelle, peut ajouter ces deux justifications pour établir son domicile triennal (Cass., 12 nov. 1850).

Cette décision n'est qu'une conséquence des arrêts des 20 et 28 août 1850, qui déclarent les gendarmes fonctionnaires publics et leur reconnaissent, en conséquence, le droit de voter, non au lieu de leur domicile de départ, mais au lieu où ils exercent leurs fonctions (V. *supr.*, p. 47, n° 208, et le dernier alinéa du n° 224, applicable à l'espèce).

SECT. VI.—*Incapacités électorales.—Exclusions des listes.*

251. L'art. 8 de la loi du 31 mai 1850, en reproduisant les incapacités établies par l'art. 3 de la loi du 15 mars 1849, en a reconnu de nouvelles.

252. Les art. 9, 10 et 11 contiennent également des incapacités, mais dont la durée est limitée à un nombre d'années déterminé.

§ 1er. Tableau des exclusions temporaires ou perpétuelles de la liste électorale, prononcées par les lois des 15 mars 1849 et 31 mai 1850, pour délits et crimes prévus et punis par plusieurs lois et par divers articles du Code pénal.

NUMÉROS D'ORDRE.	NOMENCLATURE DES DÉLITS ET CRIMES qui, par leur nature, emportent, contre leur auteur, l'exclusion temporaire ou perpétuelle de la liste électorale.	NATURE ET DURÉE des peines emportant l'exclusion.	DURÉE TEMPORAIRE ou perpétuelle de l'exclusion.	ARTICLES (en vertu desquels l'exclusion a lieu) de la loi électorale du	
				31 mai 1850.	15 mars 1849.
1	Domicile électoral (L. 31 mai 1850, art. 3). Fausse déclaration par les pères ou mères, beaux-pères ou belles-mères ou autres ascendants et les maîtres ou patrons, du domicile de leurs descendants, domestiques ou ouvriers majeurs, vivant ou demeurant chez eux ou dans les bâtiments d'exploitation.	»	L'exclusion ou interdiction du droit de voter doit être prononcée par le jugement; elle dure cinq ans au moins, dix ans au plus.	Art. 4, § 3.	»

NUMÉROS D'ORDRE.	NOMENCLATURE DES DÉLITS ET CRIMES qui, par leur nature, emportent, contre leur auteur, l'exclusion temporaire ou perpétuelle de la liste électorale.	NATURE ET DURÉE des peines emportant l'exclusion.	DURÉE TEMPORAIRE ou perpétuelle de l'exclusion.	ARTICLES (en vertu desquels l'exclusion a lieu) de la loi électorale du 31 mai 1850.	ARTICLES ... 15 mars 1849.
2	Crimes suivis d'une condamnation, soit à des peines afflictives ou infamantes (travaux forcés à perpétuité, déportation, travaux forcés à temps, détention et réclusion) (C. pén., art. 7), soit à des peines infamantes seulement (bannissement et dégradation civique) (C. pén., art. 8).	Quelle que soit la durée de la peine.	Perpétuelle, sauf l'effet de la réhabilitation (C. inst. crim., art. 619; 633).	Art. 8, § 1er.	Art. 3, § 1er.
3	Interdiction du droit de vote et d'élection par jugement correctionnel (C. pén., art. 42, 86, 89, 91, 123).	»	La durée de l'exclusion est fixée par le jugement, et court à dater de l'expiration de la peine.	Art. 8, § 1er.	Art. 3, § 2.
4	Crimes suivis d'une condamnation à l'emprisonnement correctionnel par application de l'art. 463 du C. pén.	Quelle que soit la durée de la peine.	Perpétuelle.	Art. 8, § 1er.	Art. 3, § 3.
5	Vente ou débit de boissons falsifiées, contenant des mixtions nuisibles à la santé (C. pén., art. 318).	Emprisonnement de trois mois.	Perpétuelle.	Art. 8, § 1er.	Art. 3, § 5.
6	Tromperie sur le titre des matières d'or ou d'argent, sur la qualité d'une pierre fausse, vendue pour fine, sur la nature de toutes marchandises, enfin, sur la quantité des choses vendues, par usage de faux poids ou de fausses mesures (C. pén., art. 423).	Emprisonnement de trois mois au moins.	Perpétuelle.	Art. 8, § 1er.	Art. 3, § 5.
7	Délit d'usure habituelle (L. 3 sept. 1807).	Quelle que soit la peine.	Perpétuelle.	Art. 8, § 1er.	Art. 3, § 6.
8	Interdiction civile (C. civ., art. 489, 498, 502, 509).	»	L'exclusion cesse comme l'interdiction avec les causes qui l'ont déterminée (C. civ., art. 512).	Art. 8, § 1er.	Art. 3, § 7.

NUMÉROS D'ORDRE.	NOMENCLATURE DES DÉLITS ET CRIMES qui, par leur nature, emportent, contre leur auteur, l'exclusion temporaire ou perpétuelle de la liste électorale.	NATURE ET DURÉE des peines emportant l'exclusion.	DURÉE TEMPORAIRE ou perpétuelle de l'exclusion.	ARTICLES (en vertu desquels l'exclusion a lieu) de la loi électorale du	
				31 mai 1850.	15 mars 1849.
9	Faillite déclarée soit par les tribunaux français, soit par jugements rendus à l'étranger, mais exécutoires en France (C. comm., art. 437)	»	La réhabilitation des faillis fait cesser l'exclusion(C. comm., art. 604).	Art. 8, § 2.	»
10	Vol ou tentative de vol (C. pén., art. 379, 388, 401).	Quelle que soit la durée de l'emprisonnement.	Perpétuelle.	Art. 8, § 3.	Art. 3, § 4.
11	Escroquerie ou tentative d'escroquerie (C. pén., art. 405).	Idem.	Idem.	Art. 8, § 3.	Art. 3, § 4.
11 bis	Abus de confiance(C. pén., art. 406 à 409).	Idem.	Idem.	Art. 8, § 3.	Ar. 3, § 4.
12	Soustraction par des dépositaires de deniers publics (C. pén., art. 169 à 171).	Idem.	Idem.	Art. 8, § 3.	Art. 3, § 4.
13	Attentat aux mœurs (C. pén., art. 334).	Idem.	Idem.	Art. 8, § 3.	Art. 3, § 4.
14	Outrage public à la pudeur (C. pén., art. 330).	Idem.	Idem.	Art. 8, § 4.	»
15	Outrage à la morale publique et religieuse ou aux bonnes mœurs (L. 17 mai 1819, art. 8).	Quelle que soit la peine.	Idem.	Art. 8, § 5.	»
16	Attaque par l'un des moyens énoncés en l'art. 1er de la loi du 19 mai 1849, contre la liberté des cultes, le principe de la propriété et les droits de la famille (L. 11 avril 1848, art. 3).	Idem.	Idem.	Art. 8, § 5.	»
17	Inscription obtenue sur la liste électorale sous de faux noms ou de fausses qualités, ou en dissimulant une incapacité prévue par la loi, ou réclamée et obtenue sur deux ou plusieurs listes.	Emprisonnement de plus de trois mois.	Idem.	Art. 8, § 6.	Art. 98.

NUMÉROS D'ORDRE.	NOMENCLATURE DES DÉLITS ET CRIMES qui, par leur nature, emportent, contre leur auteur, l'exclusion temporaire ou perpétuelle de la liste électorale.	NATURE ET DURÉE des peines emportant l'exclusion.	DURÉE TEMPORAIRE ou perpétuelle de l'exclusion.	ARTICLES (en vertu desquels l'exclusion a lieu) de la loi électorale du	
				31 mai 1850.	15 mars 1849.
18	Vote dans une assemblée électorale, soit en vertu d'une inscription obtenue dans les deux premiers cas prévus par l'art. 98, soit en prenant faussement les noms et qualités d'un électeur inscrit.	Emprisonnement de plus de trois mois.	Perpétuelle.	Art. 8, § 6.	Art. 100.
19	Inscription multiple pour voter plus d'une fois.	Idem.	Idem.	Art. 8, § 6.	Art. 101.
20	Addition, soustraction ou altération de bulletins par quiconque, étant chargé, dans un scrutin, de recevoir, compter ou dépouiller les bulletins contenant les suffrages des citoyens, ou lecture des noms autres que ceux inscrits.	Idem.	Idem.	Art. 8, § 6.	Art. 102.
21	Inscription, sur le bulletin d'autrui, de noms autres que ceux qu'on était chargé d'y inscrire.	Idem.	Idem.	Art. 8, § 6.	Art. 103.
22	Don, promesse ou acceptation de deniers, effets ou valeurs quelconques, sous la condition, soit de donner ou de procurer un suffrage, soit de s'abstenir de voter. Offre ou promesse faite ou acceptée sous les mêmes conditions, d'emplois publics ou privés, ou de tout autre avantage, soit individuel, soit collectif.	Idem.	Idem.	Art. 8, § 6.	Art. 105.
23	Suffrages influencés, soit par voies de fait, violences ou menaces contre un électeur, soit en lui faisant craindre de perdre son emploi, ou d'exposer à un dommage sa personne, sa famille ou sa fortune.—Abstention de voter déterminée par les mêmes moyens. — Tentative de ces mêmes délits.	Idem.	Idem.	Art. 8, § 6.	Art. 106.

NUMÉROS D'ORDRE.	NOMENCLATURE DES DÉLITS ET CRIMES qui, par leur nature, emportent, contre leur auteur, l'exclusion temporaire ou perpétuelle de la liste électorale.	NATURE ET DURÉE des peines emportant l'exclusion.	DURÉE TEMPORAIRE ou perpétuelle de l'exclusion.	ARTICLES (en vertu desquels l'exclusion a lieu) de la loi électorale du	
				31 mai 1850.	15 mars 1849.
24	Suffrages surpris ou détournés à l'aide de fausses nouvelles, bruits calomnieux ou autres manœuvres frauduleuses.—Abstention de voter déterminée par les mêmes moyens.—Tentative de ces délits.	Emprisonnement de plus de trois mois.	Perpétuelle.	Art. 8, § 6.	Art. 107.
25	Opérations d'un collége électoral troublées par attroupements, clameurs ou démonstrations menaçantes; atteintes portées à l'exercice du droit électoral, ou à la liberté du vote, ou tentatives de ce délit.	Idem.	Idem.	Art. 8, § 6.	Art. 108.
26	Irruption dans un collége électoral, consommée ou tentée avec violence, en vue d'interdire ou d'empêcher un choix.	Idem.	Idem.	Art. 8, § 6.	Art. 109.
27	Opérations électorales retardées ou empêchées, au moyen de voies de fait ou menaces, par des électeurs. —Outrages, pendant la réunion, ou violences, soit envers le bureau, soit envers l'un de ses membres, par des électeurs.—Violation du scrutin.	Idem.	Idem.	Art. 8, § 6.	Art. 112.
28	Enlèvement de l'urne électorale contenant les suffrages émis et non encore dépouillés.	Idem.	Idem.	Art. 8, § 6.	Art. 113.
29	Notaires, greffiers et officiers ministériels (avoués, huissiers, etc.), destitués en vertu de jugements ou de décisions judiciaires.	»	Idem.	Art. 8, § 7.	»
30	Vagabondage (C. pén., art. 269 à 271), ou mendicité (C. pén., art. 274 à 279).	Quelle que soit la peine.	Idem.	Art. 8, § 8.	»

NUMÉROS D'ORDRE.	NOMENCLATURE DES DÉLITS ET CRIMES qui, par leur nature, emportent, contre leur auteur, l'exclusion temporaire ou perpétuelle de la liste électorale.	NATURE ET DURÉE des peines emportant l'exclusion.	DURÉE TEMPORAIRE ou perpétuelle de l'exclusion.	ARTICLE (en vertu desquels l'exclusion a lieu) de la loi électorale du	
				34 mai 1850.	15 mars 1849.
31	Registres, minutes ou actes originaux de l'autorité publique, titres, billets, lettres de change, effets de commerce ou de banque, contenant ou opérant obligation, disposition ou décharge, volontairement brûlés ou détruits d'une manière quelconque (C. pén., art. 439).	Emprisonnement de trois mois.	Perpétuelle.	Art. 8, § 9.	»
32	Marchandises ou matières servant à la fabrication, gâtées volontairement à l'aide d'une liqueur corrosive, ou par tout autre moyen (C. pén., art. 443).	Idem.	Idem.	Art. 8, § 9.	»
33	Dévastation de récoltes sur pied, ou de plants venus naturellement ou faits de main d'homme (C. pén., art. 444).	Idem.	Idem.	Art. 8, § 9.	»
34	Abatage d'un ou de plusieurs arbres qu'on sait appartenir à autrui (C. pén., art. 445).	Idem.	Idem.	Art. 8, § 9.	»
35	Arbres mutilés, coupés ou écorcés, de manière à les faire périr (C. pén., art. 446).	Idem.	Idem.	Art. 8, § 9.	»
36	Destruction d'une ou plusieurs greffes (C. pén., art. 447).	Idem.	Idem.	Art. 8, § 9.	»
37	Empoisonnement de chevaux ou autres bêtes de voiture, de monture ou de charge, de bestiaux à cornes, de moutons, chèvres ou porcs, ou de poissons dans des étangs, viviers ou réservoirs (C. pén., art. 452).	Idem.	Idem.	Art. 8, § 9.	»
38	Tenue de jeux de hasard et participation volontaire à leurs opérations, en les aidant, facilitant ou même en les faisant connaître par un moyen quelconque de publi-	Quelle que soit la peine.	Idem.	Art. 8, § 10.	»

NUMÉROS D'ORDRE.	NOMENCLATURE DES DÉLITS ET CRIMES qui, par leur nature, emportent, contre leur auteur, l'exclusion temporaire ou perpétuelle de la liste électorale.	NATURE ET DURÉE des peines emportant l'exclusion.	DURÉE TEMPORAIRE ou perpétuelle de l'exclusion.	ARTICLES (en vertu desquels l'exclusion a lieu) de la loi électorale du	
				31 mai 1850.	15 mars 1849.
	cation (C. pén., art. 440 ; L. 21 mai 1836).				
39	Maison de prêts sur gage ou nantissement établie ou tenue sans autorisation légale.—Registre conforme au règlement non tenu (C. pén., art. 411).	Quelle que soit la peine.	Perpétuelle.	Art. 8, § 10.	»
40	Militaires condamnés au boulet ou aux travaux publics.	Quelle que soit la durée de la peine.	Idem.	Art. 8, § 11.	»
41	Jeune homme omis sur les tableaux de recensement par suite de fraudes ou manœuvres (L. 21 mars 1832, art. 38).	Quelle que soit la durée de l'emprisonnement.	Idem.	Art. 8, § 12.	»
42	Jeunes gens, appelés à faire partie du contingent de leur classe, qui se sont rendus impropres au service militaire, soit temporairement, soit d'une manière permanente, dans le but de se soustraire aux obligations imposées par la loi, ou leurs complices (L. 21 mars 1832, art. 41).	Idem.	Idem.	Art. 8, § 12.	»
43	Substitution ou remplacement effectué, soit en contravention à la loi, soit au moyen de pièces fausses ou de manœuvres frauduleuses, ou complicité du même délit (L. 21 mars 1832, art. 43).	Idem.	Idem.	Art. 8, § 12.	»
44	Médecins, chirurgiens ou officiers de santé qui, appelés au conseil de révision ou dans la prévoyance d'y être appelés, ont reçu des dons ou agréé des promesses pour être favorables aux jeunes gens qu'ils doivent examiner, ou qui ont reçu des dons, même pour une réforme justement prononcée (L. 21 mars 1832, art. 45).	Idem.	Idem.	Art. 8, § 12.	»

NUMÉROS D'ORDRE.	NOMENCLATURE DES DÉLITS ET CRIMES qui, par leur nature, emportent, contre leur auteur, l'exclusion temporaire ou perpétuelle de la liste électorale.	NATURE ET DURÉE des peines emportant l'exclusion.	DURÉE TEMPORAIRE ou perpétuelle de l'exclusion.	ARTICLES (en vertu desquels l'exclusion a lieu) de la loi électorale du	
				31 mai 1850.	45 mars 1849.
45	Rébellion envers des dépositaires de l'autorité ou de la force publique (C. pén., art. 209 à 221).	Emprisonnement de plus d'un mois.	L'exclusion dure cinq ans, à dater de l'expiration de la peine.	Art. 9.	»
46	Outrages et violences envers des dépositaires de l'autorité ou de la force publique (C. pén , art. 222 à 230).	Idem.	Idem.	Art. 9.	»
47	Outrages publics envers un juré, à raison de ses fonctions, ou envers un témoin à raison de ses dépositions (L. 25 mars 1822, art. 6).	Idem.	Idem.	Art. 9.	»
48	Attroupements (L. 10 avril 1831).	Idem.	Idem.	Art. 9.	»
49	Clubs (L. 28 juill. 1848).	Idem.	Idem.	Art. 9.	»
50	Colportage d'écrits (L. 27 juillet 1849).	Idem.	Idem.	Art. 9.	»
51	Militaires envoyés par punition dans les compagnies de discipline (Ord. 1er avril 1818).	Idem.	L'exclusion dure cinq ans, a dater de l'expiration de la peine; mais elle cesse à l'égard des fusiliers des compagnies de discipline à l'expiration de leur punition.	Art. 9. Art. 10	» »
52	Adultère. — Le complice de la femme adultère et le mari qui a entretenu une concubine dans la maison conjugale (C. pén., art. 338, 339).	Quelle que soit la peine.	La durée de l'exclusion , qui doit être fixée par le jugement , est de cinq ans au moins et de dix ans au plus.	Art. 11	»

§ 2. Jurisprudence.

253. Les dispositions des lois électorales qui excluent du vote ceux qui ont encouru certaines condamnations ne peuvent être étendues. Il n'est pas permis au juge , statuant en matière électorale , de qualifier les faits qui ont donné lieu à une condamnation autrement qu'ils ne l'ont été par le juge correctionnel, et, spécialement , d'exclure des listes un individu condamné à l'emprisonnement pour violation de sépulture , sous prétexte que le fait se compliquait de circonstances qui lui donnaient le caractère d'un abus de confiance (LL. 31 mai 1850, art. 8, n° 3, et 15 mars 1849, art. 3, n° 4 ; Cass., 2 avril 1851).

254. L'huissier révoqué par suite de la suspension prononcée disciplinairement par un jugement, sur le vu duquel le chef du Gouvernement a prononcé la révocation, a encouru l'indignité établie par le § 7 de l'art. 8 de la loi du 31 mai 1850. Dans ce cas, le Gouvernement a statué comme juge, et sa décision peut être assimilée à un jugement de destitution (Cass., 14, 21 août et 11 nov. 1850, et 18 mars 1851).

255. Est également frappé d'indignité, au point de vue électoral, l'avoué suspendu disciplinairement de ses fonctions pendant six mois, par le tribunal, et révoqué ensuite par le chef du pouvoir exécutif sur le vu de cette condamnation et des motifs qui l'avaient amenée. La révocation équivaut, dans ce cas, à la destitution par jugement. C'est une décision judiciaire (Cass., 21 août 1850).

256. Mais le greffier dont la révocation a été prononcée par un acte de premier mouvement du pouvoir exécutif, sans avoir été précédée ni d'instruction judiciaire, ni d'une condamnation disciplinaire, ne se trouve pas dans le cas prévu par le n° 7 de l'art. 8 de la loi du 31 mai 1850, qui frappe d'incapacité, au point de vue électoral, les notaires, greffiers et officiers ministériels destitués en vertu de jugements ou de décisions judiciaires (Cass., 4 mars 1851).

257. La suspension de ses fonctions prononcée

contre un maire n'efface pas en lui le caractère de
fonctionnaire public, qu'il ne peut perdre que par la
destitution ; il a en conséquence le droit de se faire
porter en cette qualité sur la liste électorale de la
commune dont il est le maire (Cass., 13 nov. 1850).

258. La condamnation qui ne s'élève pas à un mois
d'emprisonnement n'enlève pas, suivant la loi de
1849, à celui contre lequel elle a été prononcée, le
droit de se faire porter sur la liste électorale ; mais,
d'après l'art. 8, § 3, de la loi du 31 mai 1850, toute
condamnation pour vol emporte la privation de ce
droit, quelle que soit la durée de l'emprisonnement
qui en a été la conséquence, ne fût-il que de trois
jours (Cass., 13 nov. 1850).

259. L'individu condamné à un an d'emprisonnement pour outrage à la morale publique et religieuse
est frappé d'incapacité au point de vue électoral, aux
termes du 5ᵉ § de l'art. 8 de la loi du 31 mai 1850
(Cass. 5 mars 1850).

260. Le jugement déclaratif de faillite étant exécutoire par provision, le failli non réhabilité ne peut,
bien qu'il ait interjeté appel du jugement qui déclare
sa cessation de paiements, être maintenu sur la liste
électorale (Cass., 12 nov. 1850).

261. Un négociant déclaré en faillite par un jugement par défaut a pu se faire inscrire sur la liste électorale, sur l'exhibition du jugement définitif qui l'a
relevé de l'état de faillite et replacé à la tête de ses
affaires. Le jugement par défaut, dans ce cas, ne peut
faire obstacle à son inscription (Cass., 26 août 1850).

262. De même, le négociant qui a été déclaré en
faillite par un jugement du tribunal de commerce,
dont il a interjeté appel, ne se trouve pas dans un état
de faillite définitif, puisqu'il peut arriver que, sur
l'appel, le jugement de première instance soit réformé,
et qu'ainsi il soit replacé à la tête de ses affaires.
Conséquemment, il ne doit pas être compris dans
l'exclusion établie par l'art. 8, § 2, de la loi de 1850.
Le dessaisissement dont il est frappé par le jugement
déclaratif, aux termes de l'art. 443 du Code de com-

merce, n'est qu'un état provisoire, qui ne peut exercer aucune influence sur la capacité électorale de
celui qui n'est pas encore définitivement en état de
faillite (Cass., 27 août 1850).

263. Lorsque, en vertu de l'art. 27 de la loi municipale du 21 mars 1831, le conseil municipal d'une
commune a été légalement dissous, et qu'il a été
pourvu provisoirement, pour l'expédition des affaires,
à la nomination d'un maire et de deux adjoints, ce
maire et ces deux adjoints alors en exercice ont eu
qualité et pouvoir pour statuer, en exécution de la loi du
31 mai 1850, comme commission municipale, sur la
formation de la liste électorale (Cass., 19 août 1850).

264. Le citoyen condamné à 5 fr. d'amende par le
tribunal correctionnel, pour avoir annoncé dans un
journal une loterie étrangère, par application de la
loi du 21 mai 1836, a dû être écarté de la liste électorale. Le jugement qui a ainsi statué n'a fait que se
conformer à la disposition rigoureuse de l'art. 8,
§ 10, de la loi du 31 mai 1850 (Cass., 19 nov. 1850).

265. Le condamné pour vol à l'emprisonnement,
quelque restreinte qu'en soit la durée, est frappé d'incapacité par l'art. 8, § 3, de la loi du 31 mai 1850.
Cet article a modifié l'art. 3, § 4, de la loi du 15 mars
1849, qui ne prononçait l'indignité que contre les condamnés pour vol à trois mois de prison au moins
(Cass., 13 et 20 nov. 1850).

266. Deux condamnations à l'emprisonnement
pour rébellion, alors que chacune d'elles ne s'élève
pas à plus d'un mois, mais que, réunies, elles dépas-
sent cette durée, ne suffisent pas pour motiver l'exclusion d'un citoyen des listes électorales. L'article 9
de la loi du 31 mai 1850 n'a pas eu en vue la durée
du temps passé en prison, mais la gravité du fait
qui a déterminé la condamnation (Cass., 19 août et
11 nov. 1850).

267. Le condamné pour faux en écriture privée en
matière de recrutement, à un an de prison, a dû être
considéré, aux termes de la loi du 15 mars 1849,
art. 4, § 3, comme n'ayant pas la capacité électorale.

Le juge de paix n'a pas pu le relever de cette incapacité, sous le prétexte qu'il avait satisfait à la loi du recrutement (Cass., 18 nov. 1850).

268. Un imprimeur condamné, en 1847, à trois mois d'emprisonnement, comme complice pour compte-rendu infidèle et injurieux envers des magistrats, a pu être considéré, aux termes de l'art. 9 de la loi du 31 mai 1850, comme frappé temporairement d'incapacité électorale. L'annulation prononcée par décret du Gouvernement provisoire du 29 fév. 1848 n'a eu pour effet que de dispenser le condamné de subir la peine, mais n'a pas effacé le fait de la condamnation en lui-même, et c'est au fait seul de la condamnation que la loi attache l'incapacité électorale (Cass., 18 nov. 1850).

269. L'individu qui a été condamné correctionnellement à 50 fr. d'amende, comme s'étant rendu coupable du délit prévu par l'art 410 du C. pén., a dû être exclu du droit de voter, aux termes de l'art. 8, § 10, de la loi du 31 mai 1850; peu importe qu'il ne lui ait été fait application que de la moitié du minimum de l'amende par l'application de l'art. 463 du C. pén. Cette atténuation de la peine n'en laisse pas moins subsister le délit et la condamnation, ce qui suffit, aux termes de la loi électorale, pour faire écarter de la liste celui qui en a été atteint (Cass., 12 août 1850).

270. La condamnation à six jours d'emprisonnement pour délit *de violation de sépulture* n'est pas au nombre des causes d'indignité indiquées par la loi électorale. Il n'a pas pu être permis à un juge de paix de l'y faire rentrer, en donnant à ce délit le caractère d'abus de confiance, par des raisons prises de la double qualité de sacristain et de fossoyeur, dont était revêtu le condamné, lorsque cette prétendue circonstance aggravante n'avait point été relevée dans le jugement de condamnation. Il n'appartient point au juge de paix, statuant en matière électorale, d'apprécier les actes des citoyens, quelque blâmables qu'ils soient, au point de vue moral, et d'y appliquer, sans que la loi lui en ait conféré la mission, une qualifi-

5.

cation empruntée à la législation criminelle (Cass., 10 mars 1851).

271. L'individu frappé d'indignité aux termes de l'art. 8, § 10, de la loi du 31 mai 1850, n'a pas été relevé de son incapacité par sa nomination ultérieure à l'emploi de garde champêtre. L'indulgence dont l'autorité administrative a usé à son égard (si elle n'a pas ignoré sa condamnation) n'a pas pu avoir pour effet d'opérer sa réhabilitation (Cass., 10 mars 1851).

272. La question de savoir si une condamnation emportant incapacité du droit de voter s'applique à celui dont on demande l'élimination n'est pas une question d'état, qui oblige le juge de paix à surseoir, mais une simple question d'identité de personne qui est de sa compétence exclusive. Le sursis prononcé en pareil cas constitue une fausse application de la loi électorale et une violation des règles de la compétence (Cass., 19 nov. 1850).

273. Ne peut, dans aucun cas, être admis à figurer sur les listes électorales, l'individu qui a été condamné à un an de prison pour crime de faux, tendant à échapper au recrutement (L. 31 mai 1850, art. 3, § 3, et art. 8, § 1er; Cass., 6 janvier 1851).

274. Celui qui a été condamné, pour outrage public envers un ancien magistrat à deux mois d'emprisonnement, a pu être repoussé de la liste électorale, par application de l'art. 9 de la loi du 31 mai 1850, qui refuse, pendant cinq ans, à dater de l'expiration de leur peine, l'exercice du droit électoral aux condamnés correctionnellement à plus d'un mois d'emprisonnement pour rébellion, outrages ou violences envers les dépositaires de l'autorité ou de la force publique, s'il résulte, d'ailleurs, des éléments de la procédure et des textes appliqués, que, si la condamnation n'est intervenue que lorsque le magistrat n'exerçait plus ses fonctions, l'outrage a eu lieu lorsqu'il en était encore investi (Cass., 5 août 1850).

275. Le condamné, en 1827, à un mois d'emprisonnement et à l'amende de 50 fr. pour outrage à la morale publique et religieuse, a dû être éliminé de la

liste électorale, par application de l'art. 8 de là loi du
31 mai 1850. Il ne peut invoquer les lois d'amnistie
qui sont intervenues depuis en faveur des condamnés
pour délits politiques et de presse (Cass.,14 août 1850).

276. Celui qui a été condamné à trois mois d'emprisonnement et à une amende de 150 fr. pour outrage à
des agents ou dépositaires de la force publique doit
être écarté de la liste électorale (L. 31 mai 1850,
art. 9). L'outrage est un des trois cas prévus par cet
article. La loi n'attache pas à leur cumulation le caractère d'indignité qu'elle établit; il suffit que la condamnation soit motivée sur l'un de ces faits, pour entraîner l'incapacité électorale de celui qui en a été
l'objet. Cette condamnation a pour effet de rendre le
condamné non recevable à exercer l'action accordée
aux tiers en matière électorale (Cass., 19 août 1850).

277. Le marchand condamné à quatre jours d'emprisonnement seulement pour vente à faux poids ne
peut pas être placé dans la catégorie des condamnés
spécifiés dans le § 5 de la loi du 15 mars 1849, et
comme tel, privé de son droit électoral pour indignité (Cass., 20 août 1850).

278. Le condamné aux travaux forcés à perpétuité
qui, après avoir subi une partie de sa peine, a été
gracié pour le surplus, n'en est pas moins frappé d'indignité par la loi électorale. La remise de la peine
n'efface ni la condamnation, ni l'infamie qui y est
attachée (Cass., 5, 21 août 1850).

279. L'individu condamné pour un délit non spé-
cifié par les lois électorales ne peut être rayé de la
liste, sous le prétexte que les faits qui ont servi de
base à la condamnation constitueraient un abus de
confiance (V. suprà, n° 270, p. 67, et infrà, n° 281).

280. La femme, à raison de son sexe, ne peut pas
être électeur: par conséquent, les incapacités électorales ne lui sont point applicables: d'où la conséquence aussi que la mère, qui a été condamnée à
trois mois de prison pour vol, peut (ce qui est interdit à tout citoyen ainsi frappé par la justice) délivrer à son fils le certificat nécessaire, aux termes de

l'art. 3, § 2, de la loi du 31 mai 1850, pour se faire porter sur la liste des électeurs (Cass., 21 août 1850).

281. Le condamné à quatre mois d'emprisonnement, pour tromperie sur la nature de la marchandise vendue, par application des art. 318 et 423 du C. pén., et qui a subi sa peine, ne peut être privé du droit d'être inscrit sur les listes électorales ; la condamnation ne produirait cet effet qu'autant qu'elle serait de trois mois au moins, conformément au § 5 de l'art. 3 de la loi du 15 mars 1849. La loi du 31 mai 1850, art. 8, § 1 et 3, n'a dérogé à cette disposition de la loi du 15 mars, et n'a prononcé l'exclusion, quelle qu'ait été la durée de la condamnation, qu'à l'égard des condamnés pour vol, escroquerie, abus de confiance, soustraction de deniers publics et attentat aux mœurs (Cass., 6 nov. 1850).

282. La loi électorale de 1849, non plus que celle de 1850, n'ont pas frappé les sourds-muets d'incapacité, alors même qu'ils sont complétement illettrés (Cass., 12 nov. 1850).

283. L'individu condamné à treize mois d'emprisonnement pour détournement d'objets saisis sur lui et confiés à la garde d'un tiers, par application des art. 400 et 401 du Cod. pén., est réputé condamné pour vol, et par conséquent frappé d'incapacité électorale, aux termes de l'art. 8, § 3, de la loi du 31 mai 1850, et de l'art. 3, § 4, de la loi du 15 mars 1849 (Cass., 26 fév. 1851). Mais la condamnation disciplinaire prononcée contre un officier de l'armée, et par suite de laquelle il a été mis à la réforme pour inconduite habituelle et faute contre l'honneur, n'est pas au nombre des causes d'incapacité électorale (Cass., 15 avril 1851).

284. La réhabilitation fait cesser toutes les incapacités, soit civiles, soit politiques. En conséquence, le condamné réhabilité a eu le droit de se faire porter sur la liste électorale (Cass., 12 mars 1851).

Il n'appartient pas au juge de paix de donner une nouvelle qualification au délit pour lequel un individu a été condamné : c'est donc uniquement le jugement de condamnation et non le fait en lui-même qu'il doit apprécier, pour décider si l'individu condamné doit être ou non porté sur les listes électorales (Cass., 10 mars 1851).

SECT. VII. — *Règles relatives au droit de réclamation en radiation ou en inscription.*

285. Tout citoyen omis sur la liste peut, dans les dix jours à compter de l'apposition des affiches, présenter sa réclamation à la mairie.

La capacité légale attachée à l'inscription est indépendante des motifs que le contribuable pourrait invoquer pour être exempté de cette charge.

Ainsi le citoyen qui justifie de son inscription, depuis plus de trois ans, au rôle des prestations en nature, doit être porté sur les listes électorales, encore qu'il soit âgé de plus de 70 ans (Cass., 23 avril 1815).

286. Tout électeur inscrit sur l'une des listes du département peut, dans le même délai, réclamer la radiation ou l'inscription de tout individu omis ou indûment inscrit (L. 15 mars 1849, art. 7, § 1 et 2).

287. La réclamation dont parle l'art. 7 peut être élevée, soit devant la commission municipale chargée de juger ces réclamations, soit même devant le juge de paix, *omisso medio.* En effet, la plupart du temps l'intérêt et le droit des tiers n'ont été ouverts que par la décision même de cette commission (L. 15 mars 1849, art. 9 et 10; Cass., 11 nov., 4 déc. 1850, 22 janv. 1851). Le tiers a pu espérer que la commission municipale rectifierait l'erreur ; elle ne l'a pas fait : le tiers alors a un intérêt d'autant plus grand à en appeler, qu'il n'est pas recevable à se pourvoir en cassation contre la décision de l'appel. Il est en effet de jurisprudence constante que celui qui n'a pas été partie ni devant la commission municipale, ni devant le juge de paix, n'est pas recevable à se pourvoir en cassation (Cass., 14, 26 août, 5 et 11 nov. 1850, 22 janv. 1851).

288. Mais l'appel que le tiers peut ainsi porter devant le juge de paix, *omisso medio,* l'électeur lui-

même ne pourrait le faire. C'est pour lui principalement que la loi a établi deux degrés de juridiction; il doit en suivre l'ordre (Cass., 18 nov. 1850).

289. La simple protestation contre l'inscription d'un citoyen sur la liste électorale ne suffit pas pour constituer celui qui l'a faite comme partie devant la commission municipale. Conséquemment il n'a pas dû être appelé dans l'instance d'appel devant le juge de paix (Cass., 25 fév. 1851).

290. Ce n'est point à l'électeur, dont l'inscription est contestée pour cause d'extranéité, à prouver sa nationalité. C'est au tiers qui demande la radiation de cet électeur à justifier sa demande, en prouvant que celui qu'il veut faire radier n'est pas Français. Juger le contraire, c'est intervertir les rôles en matière de preuve (Cass., 22 janvier 1851).

291. De même le tiers électeur, qui veut faire inscrire un domestique sur la liste électorale, doit faire la preuve que celui-ci serait obligé de présenter lui-même, s'il agissait directement, c'est-à-dire justifier du domicile triennal ou d'une déclaration en règle du maître de ce citoyen. En l'absence de l'une et de l'autre de ces deux preuves, il doit succomber dans sa réclamation. Il doit en être de même, s'il s'agit d'un fils de famille à l'égard duquel il ne rapporte point le certificat de son père (Cass., 26 août 1850).

292. Lorsque, en vertu de l'art. 27 de la loi municipale du 21 mars 1831, le conseil municipal d'une commune a été légalement dissous, et qu'il a été pourvu provisoirement, pour l'expédition des affaires, à la nomination d'un maire et de deux adjoints, ce maire et ces deux adjoints, alors en exercice, ont eu qualité et pouvoir pour statuer, en exécution de la loi du 31 mai 1850, comme commission municipale, sur la formation de la liste électorale (Cass., 19 août 1850).

293. Le citoyen qui ne justifie pas de son domicile dans la forme prescrite par l'art. 3, § 1er, de la loi du 31 mai 1850, doit être exclu de la liste électorale.

Les preuves de son domicile civil sont insuffisantes et inadmissibles, ce qui écarte l'application des art. 102, 103 et 105 du Code civil.

Il en est de même de l'autorité de la chose jugée, lorsqu'on la fait résulter d'éléments étrangers à la loi électorale de 1850 (Cass., 19 août 1850).

294. Mais le maire et les membres de la commission municipale institués pour statuer sur les réclamations en matière électorale, n'ont pas qualité pour appeler devant le juge de paix de la décision à laquelle ils ont pris part, ni pour se pourvoir en cassation. On ne peut pas, en effet, figurer dans une même instance comme juge et partie (Cass., 14 mai, 21, 28 août et 20 nov. 1850).

295. Un préfet est également non recevable en cette qualité à interjeter appel devant le juge de paix des décisions de la commission municipale et à se pourvoir en cassation contre celles du juge de paix rendues en matière électorale. Il ne peut pas être considéré comme un tiers, et, d'ailleurs, les tiers ne sont admis à se pourvoir en cassation que lorsqu'ils ont été parties devant la commission municipale ou devant le juge de paix (Cass. 18 et 20 nov. 1850).

296. Au reste, le tiers électeur n'est pas recevable à réclamer, soit l'inscription, soit l'élimination en masse d'une certaine catégorie d'habitants. L'action des tiers ne peut s'exercer qu'à l'égard d'électeurs inscrits ou omis, pris individuellement (Cass., 6, 11 nov. 1850 et 10 mars 1851).

Le jugement qui a statué sur une demande en inscription sur la liste électorale de 1850 ne peut être invoqué comme ayant l'autorité de la chose jugée, lorsqu'il s'agit du rétablissement du nom du même électeur, rayé lors de la révision de 1851. Il n'y a, en effet, identité, ni dans la chose demandée, ni dans la cause de la demande (C. civ., art. 1351; Cass., 23 avril 1851).

SECT. VIII. — *Formation des listes.*

297. Suivant l'art. 16, § 1er, de la loi du 31 mai

1850, les règles prescrites par la loi du 15 mars 1849, en ce qui concerne les délais et les réclamations, doivent être observées pour la confection des listes dressées en vertu de l'art. 1er.

§ 1er. Désignation des délégués par le juge de paix.

298. L'art. 1er de la loi du 31 mai 1850 contient une innovation relativement à la formation des listes que le maire était seul chargé de dresser. Il doit être aujourd'hui assisté de deux délégués, désignés, pour chaque commune, par le juge de paix, et domiciliés dans le canton depuis au moins trois ans (Circ. min. just., 8 juin 1850; V. *infrà*, modèles, sect. 19, § 1er).

299. Les délégués participent à toutes les opérations relatives à la formation de la liste électorale. Dans tous les cas où ils le jugent utile, ils ont le droit de consigner leurs observations sur le procès-verbal (*ibid.*)

300. Le législateur, en mettant plus de sévérité dans les conditions du suffrage, a voulu, par cette innovation, entourer la formation des listes de nouvelles et plus grandes garanties (*ibid.*).

301. Le juge de paix doit, pour se conformer à cette intention, choisir les délégués les plus honorables, ceux qui sont le mieux à l'abri de tout soupçon, enfin, ceux qui sont les plus capables de coopérer utilement à la confection des listes.

302. M. le ministre de la justice (Circul., 8 juin 1850) indique, parmi les hommes les plus aptes à bien remplir ces importantes fonctions, les percepteurs, que le recouvrement de l'impôt met en rapports continuels avec les habitants de la commune, et qui ont continuellement sous la main les documents qui servent le mieux à établir la durée du domicile exigée par la loi nouvelle ; les membres du conseil général et les notaires qui, dans les communes rurales, sont, plus que personne, en état de se prononcer, en connaissance de cause, sur les incapacités électorales.

303. Les mêmes délégués peuvent être choisis pour

plusieurs communes. Cela ressort suffisamment de la
discussion à l'Assemblée législative. « Si nous avions
voulu renfermer la délégation dans l'enceinte de la
commune, a dit le rapporteur, nous aurions souvent
manqué de délégués possibles ; il y a telles communes
qui ne renferment pas d'hommes pouvant exercer ces
fonctions. »

304. En revanche, la même commune peut avoir
plus de deux délégués, quand elle est divisée en plusieurs cantons. Chaque juge de paix exerce alors,
dans sa circonscription, les droits attribués par la loi
à la fonction dont il est revêtu : par conséquent,
chaque juge de paix déléguera, pour sa circonscription, deux citoyens qui assisteront le maire dans la
confection de la liste. Un des membres de la commission a fait observer qu'il ne pouvait en être autrement : « car, s'il n'y avait pas deux délégués pour
chaque canton, ce ne serait plus, pour quelques unes
des sections de la commune, les délégués du juge de
paix compétent qui assisteraient le maire dans la confection de la liste. » Mais, dans ce cas, les juges de
paix de la commune peuvent tous choisir les mêmes
délégués (Circ. min. just., 8 juin 1850).

305. Il n'y a pas d'incompatibilité entre les fonctions
de délégués et celles de membre de la commission
municipale (Cass., 11 nov. 1850).

306. La loi nouvelle apporte une grave modification au système de la législation de 1848 et 1849, qui
détermine le lieu de l'inscription d'après le fait de la
résidence. Elle emploie le mot *domicile*, et les règles
que contiennent les art. 2 et 3 indiquent assez qu'il
s'agit du domicile réel, ainsi que l'entendaient les
lois antérieures, c'est-à-dire du lieu où l'électeur a
non-seulement son habitation, mais son principal
établissement (Circ. minist. int., 5 juin 1850 ; V. su-
prà, sect. 3. p. 5, nos 20 et 22).

307. Il n'y a d'exception que pour les militaires
qui, étant sous les drapeaux et n'ayant pas de demeure fixe, sont considérés comme ayant, sans condition de durée, leur domicile dans la commune où

ils ont satisfait à l'appel (*Ibid.* ; V. *suprà*, sect. 5, p. 53).

308. Le quatrième alinéa de l'art. 16 de la loi du 31 mai 1850 ne dérogeant pas aux dispositions du premier alinéa de l'article 1er de la même loi, avec lequel on doit le combiner, la liste électorale devra être dressée, chaque année, par le maire, assisté de deux délégués, aux époques et d'après les règles déterminées au titre II de la loi du 15 mars 1849 ; tel est, du moins, l'esprit de la loi du 31 mai 1850 et des circulaires ministérielles.

§ 2. Constatation par le juge de paix du domicile des fils de famille vivant chez leurs ascendants, et des majeurs travaillant chez les maîtres ou patrons.

309. Indépendamment de la nomination des délégués, les juges de paix reçoivent de la loi une attribution nouvelle et importante, dans la constatation du fait du domicile des fils, gendres, petits-fils ou autres descendants majeurs vivant dans la maison paternelle, et qui, par application de l'art. 12 de la loi du 21 avril 1832, n'ont pas été portés au rôle de la contribution personnelle, chez les père, mère ou autres ascendants, et des majeurs qui travaillent habituellement chez les maîtres ou patrons, lorsque ceux-ci demeurent dans la même maison qu'eux, ou dans les bâtiments d'exploitation (L. 31 mai 1850, art. 4 ; V. *suprà*, section 3, §§ 2 et 3.

310. L'article 4 de la loi du 31 mai 1850, en conférant au juge de paix la faculté de suppléer, lorsque la demande lui en est faite, à la déclaration d'ascendant, maître ou patron, en cas d'empêchement de leur part, par une attestation délivrée par ce magistrat, dans la forme qu'il détermine, a entendu comprendre le décès dans le cas d'empêchement, et qu'il n'y a pas à distinguer entre le cas d'empêchement momentané et l'empêchement résultant de la mort de l'ascendant ou du patron (Cass., 10 mars 1851).

311. La constatation du fait du domicile chez les père, mère ou autres ascendants, ou chez le maître ou patron, ne doit prendre la forme d'un jugement

qu'autant qu'une contestation serait engagée. Elle ne paraît susceptible d'aucun recours ; mais il est bien entendu, dit le ministre de la justice (Circul. 8 juin 1850), que, si elle implique la décision d'une question d'état, cette question doit être, avant tout, résolue par les tribunaux civils, conformément à l'art. 10 de la loi du 15 mars 1849.

312. Les difficultés nombreuses auxquelles les art. 3 et 4 de la loi du 31 mai 1850 peuvent donner lieu devront être décidées par les règles ordinaires et en se conformant aux principes du droit commun (Circul. min. just., 8 juin 1850 ; V. *infrà*, sect. 9, p. 78).

313. Il est cependant, ajoute le ministre, quelques points fondamentaux qu'il est indispensable de ne pas perdre de vue : ces deux articles établissent deux des moyens admis par la loi pour constater d'une manière non équivoque un domicile triennal ; mais ils ne doivent jamais servir à dépasser les limites légales.

314. Le juge de paix, lorsqu'il s'agit de constater le domicile électoral, n'a pas plus de pouvoir que n'en aurait l'ascendant ou le patron ; il supplée à leur défaut, mais il ne peut pas faire plus qu'ils n'auraient fait eux-mêmes.

315. Ainsi, relativement aux descendants, le juge de paix n'a quelque autorité que pour ceux qui n'ont pas été portés au rôle de la contribution personnelle, par application de l'art. 12 de la loi du 21 avril 1832, c'est-à-dire pour ceux qui, domiciliés avec leur père, mère, tuteur ou curateur, n'ont pas été considérés comme ayant des moyens indépendants d'existence.

316. Ainsi, à l'égard des ouvriers, le juge de paix n'a pas à constater le domicile de ceux qui demeurent hors de la maison du patron, ou hors des bâtiments d'exploitation (V. *sup.*, sect. 3, § 3, p. 31 et s.).

317. Enfin, je dois faire remarquer, dit le ministre, que la déclaration du père de famille ne peut être suppléée par le juge de paix que dans le cas d'empêchement. Le refus de l'ascendant doit être respecté.

Le législateur n'a pas voulu admettre l'hypothèse
d'une hostilité politique entre le père et ses enfants;
Il admet, au contraire, le juge de paix à constater le
domicile de l'ouvrier, en cas d'empêchement ou de
refus du maître ou patron (Circul. min. just., 8 juin
1850).

SECT. IX. — *Formes et délais dans lesquels les réclamations
doivent être jugées.*

§ 1er. Commission municipale.

318. Le maire doit avertir sans frais l'électeur
dont l'inscription aura été contestée, lequel pourra
présenter ses observations.

319. Les réclamations sont jugées dans les cinq
jours par une commission composée, à Paris, du
maire et de deux adjoints, partout ailleurs, du maire
et de deux membres du conseil municipal désignés,
à cet effet, par le conseil (L. 15 mars 1849, art. 8).

320. La nécessité, pour les parties intéressées, de
former leurs réclamations dans les cinq jours de l'a-
vertissement, est absolue.

Ainsi, après l'expiration de ces cinq jours, la commission municipale doit débouter les réclamants de
leur demande (Orléans, 8 nov. 1845; J.P., 46.1.73).

321. La notification de la décision doit être faite
dans les trois jours, aux parties intéressées, *par le
ministère d'un agent assermenté* (le garde champêtre,
par exemple); elle n'est pas assujettie aux formes ordinaires des exploits; spécialement, on ne peut se
faire un moyen de nullité de ce qu'elle ne mentionne
pas le nom de la personne à qui elle a été remise (Cass.,
9 avril 1851), ni la patente et l'immatricule de l'huissier qui a fait la notification (Cass., 23 avril 1851).

322. Cette notification officielle ne peut être remplacée par une simple lettre missive, lors même qu'il
serait constant, en fait, qu'elle serait parvenue à la
partie intéressée; du moins cet avis, en l'absence de
la notification légale, ne peut faire courir les délais
de l'appel (L. 15 mars 1849, art. 9 et 10; Cass., 10
déc. 1850).

§ 2. Formes de procédure devant les juges de paix.—Leur compétence.

323. L'appel d'une décision de la commission municipale devant le juge de paix doit être interjeté dans les cinq jours, à peine de nullité. Ainsi, l'appel légalement notifié le 27 janvier 1851 est non recevable comme tardif, aux termes de l'art. 9 de la loi du 15 mars 1849, lorsqu'il n'a été formé que le 2 février suivant (Cass., 20, 21 août 1850; 5 et 18 mars 1851).

324. Le jour de la notification ne doit pas, comme on voit, être compris dans le délai de cinq jours, autrement dit le jour *à quo*.

325. D'après un arrêt de la Cour de cassation, rendu sous l'empire de l'ancienne législation, on ne devrait pas non plus compter le jour de l'échéance (Cass., 26 juin 1830); mais évidemment cette solution était erronée, l'art. 1033 du Code de procédure ne pouvait pas être applicable à cette matière exceptionnelle; c'est, du reste, ce qui résulte des arrêts suivants (Bastia, 8 déc. 1835; Montpellier, 14 nov. 1845; J.P., 46.1.240; Cass., 5 mars 1851).

326. L'appel étant en principe suspensif, du moment qu'il n'y est pas formellement dérogé, l'électeur dont la radiation est prononcée par une décision frappée d'appel conserve le droit de voter jusqu'à ce que son appel ait été jugé; il en est de même de celui dont la réclamation a été rejetée, tant que la notification ne lui a pas été faite et jusqu'au jour de l'élection (L. 15 mars 1849, art. 43).

327. L'art. 10 de la loi du 15 mars 1849 exige que les actes d'appel soient faits au greffe; en conséquence, est non recevable, bien que formée dans les délais légaux, la déclaration d'appel contenue dans une simple lettre adressée au juge de paix (Cass., 2 août et 3 déc. 1850).

328. Mais il n'est pas nécessaire que l'appel interjeté devant le juge de paix, de la décision de la commission municipale, soit constaté par un acte dressé par le greffier et signé de l'appelant. Cet appel peut

être interjeté sans aucune formalité judiciaire, et il est recevable dès qu'il y a une déclaration d'appel dans le délai légal (Cass., 30 juill. 1849).

329. Hors le cas prévu par la seconde partie de l'art. 10 de la loi du 15 mars 1849, c'est-à-dire lorsqu'il s'élève une question d'état sur laquelle il doit être prononcé préjudiciellement, le juge de paix ne peut accorder aucun sursis. Il ne lui est pas permis, par conséquent, d'accorder au réclamant le temps nécessaire pour faire réparer par l'autorité administrative la prétendue omission de son nom sur la liste électorale, et de surseoir à statuer jusqu'à ce que l'autorité administrative ait rendu sa décision (Cass., 18 mars 1851).

330. Le juge de paix doit statuer dans les dix jours sur l'appel porté devant lui (L. 15 mars 1849, art. 10).

Au reste, ce délai n'est pas prescrit à peine de nullité des jugements qui seraient rendus après son expiration. Il peut arriver des cas, en effet, où le juge de paix soit tellement surchargé qu'il ne puisse tout écouler dans ce délai. En conséquence, est valable la décision du juge de paix, quoique rendue postérieurement à l'expiration du délai (Cass., 12 août 1850 et 5 mai 1851).

331. Le juge de paix n'est compétent en matière électorale que pour statuer sur l'appel des décisions de la commission municipale instituée par l'art. 8 de la loi du 15 mars 1849; mais il est incompétent pour connaître *de plano* d'une réclamation sur laquelle cette commission a omis ou refusé de statuer (Cass., 15 mai 1849).

332. Il doit, avant de statuer sur l'appel d'une décision de la commission municipale, donner, trois jours à l'avance, un avertissement aux parties intéressées.

L'omission de cette formalité est une cause de nullité de sa sentence (Cass., 25 nov. 1850; 18 mars, 9 et 14 avril 1851).

333. Les décisions rendues par le juge de paix en matière électorale ne sont pas dispensées des formes substantielles qui constituent les jugements. Ainsi,

elles doivent porter avec elles la preuve de leur légalité, et notamment de la publicité des débats et de l'assistance du greffier, à peine de nullité (C. proc., art. 18 et 1040; LL. 15 mars 1849, art. 10; 10 avril 1810, art. 10; Cass., 14, 19, 28 août; 5, 25 nov. et 10 déc. 1850).

Ainsi, est nul le jugement rendu en matière électorale qui ne constate pas qu'il a été rendu publiquement, mais qui porte, au contraire, qu'il a été rendu dans le cabinet du juge (C. proc., art. 8 et 87; L. 15 mars 1849, art. 7; Const. de 1848, art. 84).—Jurisp. constante.

Lorsqu'une déclaration régulière d'ascendant, constatant un domicile triennal a été produite, et que, sans s'expliquer sur la valeur de cette déclaration, le juge de paix, se fondant sur une prétendue notoriété publique, de laquelle il résulterait que celui auquel s'applique la déclaration serait domicilié dans une autre commune, rejette la demande en inscription fondée sur ladite déclaration, son jugement doit être cassé comme violant l'art. 3, § 2, de la loi du 31 mai 1850 (Cass., 28 mai 1851).

334. Cette énonciation, contenue dans un jugement rendu en matière électorale : « Après avoir invité les parties intéressées à nous fournir, dans les délais légaux, toutes les pièces qu'elles croiraient utiles à leurs prétentions respectives », constate suffisamment que les parties ont reçu l'avertissement prescrit par l'art. 10, § 1er, de la loi du 15 mars 1849 (Cass., 28 août 1850).

335. Les magistrats de l'ordre judiciaire ne peuvent s'immiscer dans l'examen de la légalité des actes de l'autorité administrative, et notamment un juge de paix, statuant sur appel en matière électorale, est incompétent pour connaître de l'illégalité prétendue de la composition de l'administration municipale, et, par suite, de la commission qui a prononcé en premier ressort (Cass., 12 nov. 1850 et 15 janv. 1851).

336. Ainsi, le juge de paix est incompétent pour examiner et décider si la commission municipale était légalement composée, ou si le fonctionnaire qui la présidait, comme remplissant les fonctions de maire

par délégation de l'autorité supérieure, avait les qualités requises pour cela (Cass., 5 nov. 1850).

337. Il ne peut également appartenir à l'autorité judiciaire de prescrire la confection de l'état des imposables dont parle l'art. 15 de la loi. Lorsque cet état n'a point été dressé par l'autorité municipale, le réclamant ne peut suppléer à la preuve légale et exclusive que la loi y attache, pour l'établissement du domicile triennal, par des enquêtes ou autres moyens de justification (Cass., 28 août 1850). Il n'appartient, en effet, qu'à l'administration de dresser les listes des imposables (Cass., 17 juin 1851).—Jurisp. const.

338. Les réclamations électorales ne peuvent pas être portées, *omisso medio*, devant le juge de paix. La loi a établi, en cette matière, deux degrés de juridiction. Le juge de paix est, dès lors, fondé à déclarer non recevable une réclamation sur laquelle la commission municipale n'a pas statué en premier degré (Cass., 18 nov. 1850).

339. La liste électorale étant formée par commune, il s'ensuit que celui qui a le domicile triennal dans une autre commune n'est pas fondé à réclamer son inscription dans la commune chef-lieu du canton où il n'a pas ce domicile. On peut bien se faire porter sur la liste d'une commune où l'on a un commencement de domicile, lorsqu'on le complète par un domicile partiel acquis dans une autre commune du même canton; mais ce cas est différent de celui où l'on veut voter ailleurs, fût-ce dans le même canton, que dans la commune où l'on est actuellement domicilié (Cass., 18 nov. 1850).

340. Le juge de paix saisi sur l'appel de la décision d'une commission municipale par laquelle elle avait refusé de statuer, s'en référant sur la question aux lumières du juge d'appel, n'a pas pu se dispenser de juger la contestation, sous le prétexte que le premier juge n'avait pas prononcé. La commission municipale avait mal compris sa mission, et, par suite, mal statué. Sa décision était déférée au juge de paix par un appel régulier. Celui-ci devait rendre

sa décision comme juge d'appel (Cass., 25 fév. 1851).

341. Le juge de paix est incompétent pour décider qu'un citoyen qui a été inscrit sur la liste électorale au moyen d'un certificat régulier de son ascendant doit en être éliminé, sous le prétexte qu'il était apte à être porté sur le rôle de la contribution personnelle. Il ne lui appartient pas de s'immiscer dans les attributions de l'administration municipale. Il suffit que ce citoyen n'ait pas été soumis à l'impôt pour que le juge de paix ait à lui tenir compte du certificat de sa mère, attestant qu'il a chez elle son domicile plus que triennal, sauf la preuve contraire (Cass., 5 nov. 1850).

342. Il est également incompétent pour statuer sur les questions d'état ou de nationalité. Il doit surseoir et renvoyer devant les juges compétents, lorsqu'on oppose devant lui, à l'inscription d'un individu sur la liste électorale, l'exception d'extranéité. Il viole les règles de sa compétence s'il rejette l'exception, sous le prétexte que l'électeur, bien qu'étranger, a néanmoins satisfait à toutes les obligations que les lois politiques imposent aux Français, et notamment à la charge du recrutement (L. 15 mars 1849, art. 10 ; Cass., 13 et 20 nov. 1850 ; 26 août et 9 déc. 1850).

343. Mais il a le droit de décider, en dernier ressort, les questions d'identité de personnes, et de juger ainsi que celui qui paie l'impôt personnel peut s'en prévaloir pour se faire porter sur la liste électorale, quoiqu'il ne soit pas nominativement inscrit sur le rôle du percepteur, si d'ailleurs il est déclaré par le jugement que la désignation faite sur ce rôle se rapporte exclusivement à la personne et ne peut être appliquée à aucune autre (Cass., 13 nov. 1850).

344. La question de savoir si une condamnation s'applique à tel ou tel individu n'est pas une question d'état, mais une simple question d'identité, sur laquelle il appartient au juge de paix, jugeant en matière électorale, de prononcer ; il ne doit pas surseoir à statuer jusqu'au jugement de cette prétendue question d'état (LL. 15 mars 1849, art. 3, § 4, et 31 mai 1850, art. 8, § 3 ; Cass., 19 nov. 1850 et 15 janv. 1851).

6.

345. Le juge de paix, procédant en matière électorale, ne peut, à peine de nullité de ses jugements,
admettre à conclure le maire, ou toute autre personne
représentant la commission municipale, de la décision
de laquelle appel a été porté devant lui (L. 15 mars
1849, art. 9 et 10; Cass., 28 août 1850).

346. Ce n'est pas lorsque le juge de paix est sur son
siége, et qu'il est appelé à statuer comme juge du
second degré, que le citoyen qui n'a pas pu faire la
justification de domicile, suivant le mode prescrit par
l'art. 2 de la loi électorale, peut recourir pour faire
constater l'empêchement de l'ascendant dont le certificat aurait pu remplacer l'inscription au rôle de
l'impôt personnel ou des prestations en nature. C'est
au juge de paix, en qualité d'officier public, qu'il
aurait dû s'adresser, avant le jour fixé pour l'audience,
afin d'obtenir cette attestation; ce magistrat ne peut des-
cendre de son siége pour faire un acte d'instruction
en une autre qualité (Cass., 20 août, 6 et 12 nov. 1850).

347. Le juge de paix n'a pas qualité pour contrô-
ler la liste électorale. Il ne peut l'apprécier, relativement à chaque individu qui y est porté, que dans
l'état où elle existe. Conséquemment, il n'a pas le
droit de repousser une déclaration d'ascendant, sous
le prétexte que celui qui la produit aurait dû figurer,
par sa position particulière, sur le rôle de l'impôt
personnel (Cass., 13 nov. 1850). La jurisprudence est
constante sur ce point.

348. Il n'a pas non plus qualité pour délivrer
spontanément l'attestation de domicile que la loi lui
permet de faire en cas d'empêchement des père et
mère, maîtres ou patrons. Il ne peut pas se substituer ainsi, hors le cas d'impossibilité, constaté à
ceux qui sont directement appelés à attester le domicile électoral de leurs descendants, domestiques ou
ouvriers. Ainsi, le domestique d'une sous-préfecture
ne peut remplacer arbitrairement le certificat des
sous-préfets, au service desquels il a été attaché
successivement, par la déclaration du juge de paix
(Cass., 13 nov. 1850).

349. Mais le juge de paix qui a délivré, conformément à la loi électorale de 1850, une attestation de domicile pour remplacer la déclaration d'ascendant dans le cas prévu par cette loi, ne peut pas, lorsqu'il est appelé comme juge à appliquer cette attestation, refuser d'en attribuer le bénéfice à celui qui s'en prévaut, sous le prétexte qu'il exerce l'état de boulanger, et qu'en cette qualité, il devait être porté sur le rôle de la taxe personnelle. En mettant à l'écart, par ce motif, l'attestation dont il s'agit, le juge de paix excéderait ses pouvoirs. La jurisprudence est constante sur ce point (Cass., 12 nov. 1850).

350. Le juge de paix ne peut pas écarter une déclaration d'ascendant, par le motif, non appuyé de preuves, que le contraire est établi pour lui. Le défaut de sincérité doit être démontré par l'énonciation de faits propres à justifier la décision du juge de paix (Cass., 12 nov. 1850).

351. Il ne peut pas non plus repousser une déclaration de maître ou patron par le motif que le réclamant, qualifié de concierge par la déclaration, est perruquier-coiffeur, et que cette profession est incompatible avec la déclaration, comme si un concierge ne pouvait pas en même temps exercer un état parfaitement conciliable avec la position d'un subordonné chargé de veiller aux intérêts de son maître (Cass., 12 nov. 1850).

352. Le certificat de domicile que le propriétaire d'un domaine rural n'aurait pas eu le droit de donner à son régisseur, par le motif qu'il n'habitait pas les bâtiments occupés par ce régisseur, n'a pu être donné par le juge de paix, en l'absence du propriétaire (Cass., 12 nov. 1850).

353. Les moyens légaux par lesquels le domicile triennal doit être prouvé ne peuvent être remplacés par des équipollents, ainsi que nous l'avons déjà fait observer. La loi électorale n'attache, en effet, la force de la preuve qu'aux documents qu'elle indique spécialement (L. 31 mai 1850, art. 2, § 1er; Cass., 18 nov. 1850).

354. Le juge de paix est sans doute juge souverain et en dernier ressort, pour constater en fait le défaut de justification du domicile ; mais il n'est pas dispensé pour cela de donner des motifs spéciaux, lorsqu'il rejette plusieurs réclamations qui lui sont présentées conjointement. Le motif vague de défaut de justification ne peut pas être donné pour toutes les demandes prises collectivement. Toutefois, le vice de ce mode de motiver sa décision disparaît, lorsque le juge de paix a adopté les motifs de la commission municipale, et qui s'appliquent à chaque demande en particulier (Cass., 18 nov. 1850).

355. Il n'y a pas de distinction à faire entre le commis et l'ouvrier relativement au certificat de domicile du patron. La jurisprudence est fixée sur ce point ; et, lorsqu'à la qualité de commis le réclamant joint celle de fonctionnaire public à un autre titre, il y a, en sa personne, double motif pour le faire figurer sur la liste électorale. La qualité de fonctionnaire public peut être invoquée pour la première fois devant le juge de paix (Cass., 18 nov. 1850).

356. Le juge de paix ne peut suppléer à l'accomplissement de la formalité légale par des considérations tirées de la connaissance personnelle qu'il a pu avoir du fait de l'habitation du fils chez son père (Cass., 28 août 1850), ni se fonder sur sa seule conviction personnelle pour refuser effet à la déclaration faite par un citoyen, qu'une personne habite chez lui en qualité de domestique (Cass., 11 nov. 1850); ni écarter la déclaration d'un ascendant, comme inexacte, par la simple allégation personnelle d'une notoriété qui ne s'appuie sur aucun document, sur aucun fait ni motif (Cass., 11 et 25 nov. 1850).

357. La déclaration du père de famille remplaçant complétement l'inscription du fils au rôle de la contribution, sans aucune condition ni restriction, le juge de paix ne peut écarter la déclaration du père, par le motif que le fils, ayant une fortune et une profession personnelle, aurait dû être porté lui-même sur les rôles (Cass., 28 août et 6 nov. 1850).

358. Mais la déclaration du père est sans valeur, lorsqu'il est constaté, en fait, que le fils a passé une année hors du domicile de son père, non dans de circonstances qui lui ont conservé ce domicile, mais, au contraire, dans l'exercice d'une industrie privée et qui l'avait obligé à avoir un domicile et une existence à part (Cass., 18 nov. 1850).

359. Le citoyen qui, excepté pour une année, fait, devant le juge d'appel, toutes les justifications exigées pour établir son domicile électoral, peut se faire compter cette année lorsqu'il est bien constant que c'est par erreur qu'il a été omis, et qu'à sa place on a fait figurer sa femme sous la qualification inexacte de veuve. Le juge de paix ne peut pas, sans déni de justice, refuser de reconnaître cette erreur, dont on lui demanderait la preuve, lorsque déjà il y a un commencement de justification. Il doit admettre le réclamant à la compléter (Cass., 11 nov. 1850).

360. Il appartient au juge de paix de constater souverainement que la contribution personnelle dont se prévaut un citoyen pour être porté sur la liste électorale lui est personnellement applicable. Cette qualité de contribuable inscrit une fois reconnue par le juge de paix ne peut pas être remise en question devant la Cour de cassation (Cass., 11 nov. 1850).

361. Mais il ne peut repousser un certificat d'ascendant par le motif que celui qui s'en prévaut aurait dû être porté sur le rôle de la contribution personnelle. La question d'aptitude à figurer sur ce rôle n'est pas de la compétence du juge de paix, qui n'a le droit de rejeter les déclarations de domicile que lorsqu'elles lui paraissent dénuées d'exactitude et de sincérité dans le fait qu'elles attestent. La jurisprudence est fixée sur ce point (Cass., 11 mars 1851).

362. Le fils majeur, non inscrit au rôle de la taxe personnelle, ou au rôle de la prestation en nature pour les chemins vicinaux, doit être porté sur la liste électorale, d'après la déclaration de son père qu'il habite avec lui, sans qu'il soit permis, soit à la commission municipale, soit au juge de paix, d'examiner

si c'est à tort ou à raison que le fils n'a pas été imposé à la contribution personnelle (L. 31 mai 1850, art. 2 et 3 ; cass., 12 déc. 1850 et 6 janv. 1851).

363. Les principes généraux, en matière de domicile réel, sont inapplicables pour l'établissement du domicile électoral. De même qu'on ne peut les invoquer pour la justification de ce domicile, de même on ne peut les opposer, pour enlever le bénéfice de ce même domicile à celui qui le prouve, conformément aux dispositions de la loi du 31 mai 1850. Ainsi, c'est à tort qu'un juge de paix a décidé qu'un citoyen qui est porté sur le rôle de la contribution personnelle et des prestations en nature, depuis plus de trois ans, dans une commune, ne serait pas inscrit sur la liste électorale de cette commune, sous le prétexte que son domicile réel se trouvait établi dans une autre commune, d'après la disposition de l'art. 102 du Code civ. (Cass., 5 mars 1851).

364. En matière électorale, le jugement rendu par le juge de paix n'est pas susceptible d'opposition de la part des électeurs qui, devant la commission municipale, s'étaient présentés pour contester l'inscription d'un citoyen sur la liste électorale, et en demander la radiation. En effet, l'art. 11 de la loi du 15 mars 1849, après avoir dit que la décision du juge de paix sera en dernier ressort, n'ouvre aux parties, pour l'attaquer, que la voie du recours en cassation. D'où la conséquence que tout autre recours est interdit. D'ailleurs, si l'intention du législateur eût été d'admettre l'opposition au jugement du juge de paix, il eût déterminé le délai dans lequel elle aurait dû être formée (Cass., 14 avril 1851).

365. Le juge de paix qui refuse d'ordonner l'inscription d'un citoyen qui justifie de son domicile triennal par une déclaration régulière d'ascendant, sous le prétexte que ce citoyen, à raison de sa fortune ou de sa profession, aurait dû être personnellement porté au rôle de la taxe personnelle, commet un excès de pouvoir ; c'est à l'autorité administrative seule qu'il appartient de décider si ce citoyen doit

ou non y être porté (L. 31 mai 1850, art. 3; cass., 28 janvier et 5 mars 1851).

366. Le juge de paix a été bien fondé à repousser la demande en inscription, sur la liste électorale, d'un citoyen qui n'était pas porté au rôle de la contribution personnelle pour 1849. Il n'avait pas été obligé d'examiner quel avait pu être le motif de cette omission, ce qu'il n'aurait pu faire sans s'immiscer dans les questions de confection de la liste électorale, et commettre, conséquemment, un excès de pouvoir (Cass., 3 mars 1851).

367. L'article 7 de la loi du 15 mars 1849, en accordant à l'électeur inscrit le droit de demander la radiation ou l'inscription sur la liste électorale de citoyens nominativement désignés qui, selon lui, y auraient été portés ou omis à tort, ne lui a pas conféré celui de s'immiscer dans la formation de la liste, et d'y faire porter, par forme de complément, une certaine catégorie d'individus dont il ne donne pas la désignation individuelle, et qu'il n'indique que par la classe à laquelle ils appartiennent, tels, par exemple, que les jeunes gens d'une commune qui, ayant satisfait à la loi du recrutement, n'ont pas été considérés comme militaires sous les drapeaux, à défaut de production des certificats des chefs de corps attestant qu'ils sont en activité de service. — La jurisprudence est fixée sur ce point (Cass., 10 mars 1851).

368. Dans les villes où le contingent personnel et mobilier est payé en tout ou en partie par la caisse municipale, les individus qui prétendent avoir été omis à tort sur l'état des imposables à la taxe personnelle sont recevables (sauf à examiner s'ils sont fondés) à réclamer contre cette omission, non devant le juge de paix, mais devant le conseil de préfecture, seul compétent pour statuer sur leur réclamation, dont l'intérêt, pour eux, est de demander ultérieurement leur inscription sur la liste électorale, conformément à l'art. 15 de la loi du 31 mai 1850. Le préfet ne pourrait statuer sur une telle réclamation sans excès de pouvoir (Cass., 26 janvier 1851).

En principe, les décisions du juge de paix, en matière électorale, doivent être motivées. Ainsi est nul, pour défaut de motifs, le jugement du juge de paix, qui écarte la fin de non-recevoir tirée de ce que la décision de la commission municipale n'aurait pas été frappée d'un appel régulier, par ces seuls mots : avec l'appel interjeté, sans dire de quel acte il fait résulter l'existence de l'appel (L. 24 août 1790, tit. vi, art. 15, Cod. proc. civ., art. 114; L. 20 avril 1810, art. 7; Cass., 27 mai, 3 et 18 juin 1851.

§ 3. Pourvoi en cassation.

369. Le greffier de la justice de paix reçoit, soit la déclaration de pourvoi de la partie, soit la requête dressée par elle au même effet. Il l'adresse, ainsi que les pièces à l'appui, dans les vingt-quatre heures, à M. le procureur général près la Cour de cassation. C'est le seul moyen de donner au pourvoi une date certaine et de le faire parvenir à la Cour avec la célérité qu'exigent les affaires électorales (Circul. min., 26 avril 1849).

La partie qui se pourvoit en cassation doit produire la copie conforme de la décision attaquée; elle ne peut y suppléer par la représentation de la lettre que le juge de paix a écrite au maire, conformément à la loi, pour l'informer de son jugement. Cette lettre d'avis ne saurait tenir lieu de la copie de ce jugement, alors même qu'elle ferait connaître l'état du litige et les motifs de la décision. La Cour de cassation ne peut statuer en connaissance de cause qu'en présence de la copie régulière ou de l'expédition de la décision (Cass., 18 nov. 1850).

370. On ne peut se pourvoir en cassation, en matière électorale, contre une décision qui a été exécutée volontairement (Cass., 6 nov. 1850).

371. Un préfet est non recevable, en cette qualité, à se pourvoir en cassation contre la décision d'un juge de paix rendue en matière électorale. Il ne peut pas être considéré comme un tiers, et, d'ailleurs, les tiers ne sont admis à se pourvoir en cassation que

lorsqu'ils ont été parties devant la commission municipale et devant le juge de paix (Cass., 14 août, 12 et
20 nov. 1850).

372. De même, le maire d'une commune n'est pas
recevable à se pourvoir en cassation contre le jugement du juge de paix qui a infirmé la décision à laquelle il avait concouru comme membre de la commission municipale. On ne peut pas figurer dans une
même instance comme juge et partie (Cass., 12 août et
20 nov. 1850). — La jurisprudence est constante sur
ce point.

373. La qualité de domestique attribuée par le juge
de paix à un citoyen, sur le vu d'une déclaration dont
il a apprécié et reconnu la sincérité, ne peut être remise en question devant la Cour de cassation.

374. Il n'est pas permis de produire devant la Cour
de cassation des pièces qui n'auraient pas été mises
sous les yeux du juge de paix, fussent-elles de nature
à prouver le droit du réclamant (Cass., 6 août 1850).

375 Est non recevable le pourvoi formé, en matière électorale, non par la partie intéressée elle-
même ou par son fondé de pouvoir, mais au moyen
d'une simple lettre missive adressée par un tiers (Cass.,
10 déc. 1850).

376. Le citoyen auquel a été régulièrement notifié
le jugement du juge de paix est non recevable à se
pourvoir en cassation lorsqu'il a laissé expirer le délai de dix jours, fixé par l'art. 12 de la loi du 15 mars
1849 (Cass., 10 mars 1851).

377. Un pourvoi, formé en matière électorale, est
non recevable lorsque l'arrêt d'admission, s'appli-
quant à divers défendeurs, a été, par l'inadvertance
de l'huissier, signifié de telle sorte que chacun des
défendeurs a reçu, en tête de l'exploit qui lui a été
personnellement délivré, copie d'une partie de l'arrêt
d'admission relative à un autre défendeur, et n'a pas
reçu copie de la partie de l'arrêt qui le concernait personnellement (Règlement de 1738; Cass., 21 mai
1851).

SECT. X. — *Opérations électorales.*

§ 1er. Convocation.—Réunion.

378. Les colléges électoraux s'ouvrent au jour fixé
par la loi pour les élections auxquelles ils doivent
procéder (L. 15 mars 1849, art. 24).

379. Le jour de l'ouverture du scrutin doit toujours être un dimanche ou un jour férié, sauf toutefois le cas prévu par le troisième paragraphe de l'art.
31 de la Constitution.

380. Les électeurs se réunissent au chef-lieu de
canton (*ibid.*, art. 25). C'est la règle générale (Constitution, art. 30).

381. Néanmoins, en raison des circonstances locales, le canton peut être divisé en circonscriptions; mais
cette division ne peut excéder le nombre de quatre
circonscriptions (L. 15 mars 1849, art. 26 et 27).

382. Dans tous les cas, il doit toujours y avoir un
collége au chef-lieu de canton.

383. Chaque canton ou circonscription cantonale
peut être divisé, par arrêté du préfet, en autant de
sections que le rend nécessaire le nombre des électeurs inscrits : mais toutes les sections doivent
siéger au chef-lieu du canton ou de la commune désignée comme chef-lieu de la circonscription électorale.

384. Mais la loi du 26 décembre 1849, en modifiant
les art. 27 et 29 de la loi électorale, dont nous venons
d'analyser les dispositions, a chargé les conseils généraux d'arrêter, dans la session qui a suivi la promulgation de cette loi, le tableau des circonscriptions,
qui doivent, aux termes du nouvel article 27, comprendre une population de plus de 500 habitants, et
de le réviser, à l'avenir, tous les trois ans, conformément à la disposition finale de l'art. 28.

Toutefois, les communes dont le territoire est séparé, par la mer, du canton dont elles dépendent,
peuvent former une circonscription, quel que soit le
chiffre de leur population; mais aucune commune
rurale ne peut être fractionnée en deux ou plusieurs circonscriptions.

§ 2. Composition de chaque collège ou section.

385. Chaque collège électoral se compose de la réunion des électeurs appelés à en faire partie; eux seuls ont entrée dans la salle, et peuvent prendre part aux opérations (L. 15 mars 1849, art. 42).

386. Si donc des étrangers à la section, qu'ils soient ou non électeurs d'une autre section, pénètrent dans l'assemblée, le président doit les avertir, et, au besoin, leur enjoindre de quitter immédiatement la salle.

387. On conçoit, en effet, de quelle importance il est pour la liberté des électeurs qu'aucune influence étrangère ne puisse venir entraver la sincérité des opérations; à ce titre, l'exclusion des étrangers doit être rigoureusement appliquée.

388. Néanmoins, une jurisprudence constante de l'ancienne chambre des députés a décidé, avec raison, que la présence dans la salle d'individus non électeurs n'est pas nécessairement une cause de nullité, s'il est constant, en fait, que la liberté des votes n'en a souffert aucune atteinte (29 juillet 1842, élect. de Larochejaquelein; 28 déc. 1843, élect. Magne; 20 août 1826, élect. Hochet). Une simple protestation ne suffirait pas pour établir cette influence de la présence d'un étranger, alors que cette présence n'a pas été assez notoire pour être signalée au bureau et constatée par lui au procès-verbal (Chambre des députés, 22 déc. 1837, élect. de Labourdonnaye; 20 août 1846, Feuillade–Chauvin).

389. En principe, et lorsque, sur l'invitation ou l'ordre du président, l'étranger a quitté la salle des élections, surtout si l'expulsion a eu lieu immédiatement, l'incident doit être considéré comme sans importance (*ibid.*, 14 mars 1844, élect. Blin de Bourdon; 29 mars 1844, de Larcy; 20 août 1846, Boutin).

390. Ainsi, on ne saurait se prévaloir de ce qu'un électeur infirme serait entré dans la salle appuyé sur le bras d'un parent ou ami, lequel se serait retiré immédiatement (*ibid.*, 19 déc. 1839, élect. de Portes; 28 juill. 1842, Edmond Blanc).

§ 3. Constitution du bureau.

391. La constitution du bureau doit évidemment précéder toute opération.

392. Le bureau de chaque collége ou section est composé d'un président, assisté de quatre assesseurs et d'un secrétaire choisi parmi les électeurs (L. 11 mars 1849, art. 34).

393. Les assesseurs sont pris, suivant l'ordre du tableau, parmi les conseillers municipaux sachant lire et écrire; et, à leur défaut, les assesseurs seront les deux plus âgés et les deux plus jeunes électeurs présents sachant lire et écrire (*ibid.*, art. 36).

394. A Paris, les fonctions d'assesseurs sont remplies, dans chaque section, par les deux plus âgés et les deux plus jeunes électeurs sachant lire et écrire (*ibid*).

395. Les colléges et sections sont présidés, au chef-lieu de canton, par le juge de paix et ses suppléants, et, à leur défaut, par les maires, adjoints et conseillers municipaux de la commune (*ibid.*, art. 35).

396. Dans les autres circonscriptions, la présidence est dévolue aux maires, adjoints et conseillers municipaux de la commune désignée comme chef-lieu de circonscription électorale (*ibid*).

397. Si les juges de paix, suppléants, maires, adjoints et conseillers municipaux ne se trouvent pas en nombre suffisant pour présider toutes les sections, les présidents sont désignés par le maire parmi les électeurs sachant lire et écrire.

398. A Paris, les sections sont présidées, dans chaque arrondissement, par le maire, ses adjoints ou des électeurs désignés par eux.

399. Le président prend place au bureau, et les scrutateurs se placent à ses côtés.

§ 4. Disposition de la salle des séances.

400. Le bureau doit être disposé de telle sorte que l'on puisse circuler à l'entour pendant le dépouillement du scrutin.

§ 5. Affiches dans la salle et au dehors.

401. Des affiches placées dans la salle devront rap-

peler.... (objet de l'élection.... indiquer les conditions d'éligibilité...) dans les termes de... (citer l'article de la loi).

§ 6. Pièces à déposer sur la table du bureau.

402. Doivent être déposés sur la table du bureau :
1° Un recueil des dispositions de la Constitution et des
lois et décrets législatifs concernant l'élection à faire;
2° Les instructions sur les opérations électorales
(Circul., 8 et 24 nov. 1848);
3° Une copie officielle de la liste des électeurs contenant les noms, domicile et qualification de chacun
des inscrits (L. 15 mars 1849, art. 39).

§ 7. Fonctions du président.

403. Le premier devoir du président est de donner
connaissance à l'assemblée du choix du secrétaire, et
de prévenir les électeurs qu'ils ont à élire... (indiquer
le but de l'élection), en leur rappelant sommairement
les conditions imposées pour l'éligibilité.

404. Le président du collége ou section a seul la
police de l'assemblée (L. 19 avril 1831, art. 45, §
1er, et L. 15 mars 1849, art. 33).

405. Nulle force armée ne peut, sans son autorisation, être placée dans la salle des séances, ni aux
abords du lieu où se tient l'assemblée (ibid.).

406. Les autorités civiles et les commandants militaires sont tenus de déférer à ses réquisitions (ibid.).

407. L'élection est nulle, si la force armée est
entrée, sans la réquisition du président, dans la salle
des séances (Cormenin, sur la loi de 1831, p. 176,
n° 23), ou seulement si elle a été placée aux abords du
lieu de l'assemblée (Cormenin, p. 177, note 7).

408. Cependant, il ne faudrait pas appliquer cette
règle avec trop de rigueur.

409. Le président doit veiller à ce que nul électeur
n'entre armé dans le sein du collége électoral (L. 19
avril 1831, art. 58, et 15 mars 1849, art. 45).

410. Le président doit encore veiller avec soin à ce
que l'assemblée ne s'écarte point des règles tracées
par les art. 40, L. 19 avril 1831, et 32, L. 15 mars

1849, c'est-à-dire qu'elle ne s'occupe point d'objets étrangers aux opérations électorales, et qu'elle ne se livre à aucune délibération ou discussion.

411. Si donc il s'élève des discussions dans le sein d'un collége ou section, le président doit rappeler à ceux qui s'y livrent la disposition de l'article 32 précité, portant que les colléges électoraux ne peuvent s'occuper que de l'élection pour laquelle ils sont requis, et si, malgré cette observation, la discussion continuait, et si le président n'avait pas d'autres moyens de la faire cesser, il devrait recourir au droit que lui confère l'art. 33 de ladite loi, au besoin, lever la séance et l'ajourner à une autre heure de la journée ou au lendemain au plus tard. Les électeurs sont obligés de se séparer à l'instant, sous les peines édictées par les lois pénales.

Toutefois, le président doit appliquer avec discernement cette prescription des art. 33 et 40 des lois précitées : ainsi, il peut valablement autoriser un candidat à déclarer qu'il se désiste de sa candidature (V. Cormenin, *ubi suprà*).

412. Du reste, le président doit lui-même donner l'exemple de l'accomplissement de la loi, et ne se permettre aucun discours politique ; s'il enfreignait ce devoir, il encourrait de l'Assemblée législative un blâme sévère, sans pour cela que l'élection dût être annulée. Jurisprudence constante de l'ancienne Chambre des députés.

413. Un devoir non moins rigoureux imposé au président est celui de ne jamais *quitter sa place* pendant la durée des opérations, à moins de *nécessité absolue;* auquel cas il doit être suppléé par le premier assesseur, de telle sorte que le fauteuil de la présidence ne reste jamais vacant (Arg. L. 15 mars 1849, art. 37).

414. Cependant le fait que le président a quitté temporairement son siége sans y être remplacé ne peut être une cause de nullité, si cette absence n'a duré que quelques instants, et si, pendant son absence, nul électeur ne s'est présenté pour voter

(Chambre des députés, 20 déc. 1837, élect. Lamarois; 28 juillet 1842, élect. Caste).

§ 8. Fonctions du bureau.

415. Si au président seul est confiée la police de l'assemblée électorale, c'est au bureau qu'il appartient de décider sur les questions qui s'élèvent, touchant les opérations du collége électoral, sauf, bien entendu, que ces décisions restent toujours essentiellement provisoires, l'Assemblée nationale seule ayant le droit de prononcer souverainement.

416. Les décisions du bureau sont motivées et insérées au procès-verbal, et les pièces ou bulletins qui s'y rapportent y sont annexées après avoir été paraphées par le bureau (*Ibid.*, art 38; V. *infrà*, § 10, p. 98).

417. Mais les pouvoirs du bureau ne peuvent, toutefois, s'étendre jusqu'à juger des questions de capacité; et, en ce cas, le bureau doit se borner à renvoyer à l'Assemblée nationale.

418. Le bureau délibère à part; sa décision est prise à la majorité. Le président, dont la voix est prépondérante, suivant nous, en cas de partage, la fait connaître à haute voix.

§ 9. Fonctions du secrétaire.

419. Le secrétaire a pour charge principale la rédaction du procès-verbal des séances (V. *infrà*, § 10, p. 98).

420. Il n'a que voix consultative (L. 15 mars 1849, art. 34). Toutefois, il ne faudrait pas conclure de là que le bureau peut refuser de l'entendre sur une difficulté, sous prétexte qu'il doit attendre que le bureau l'appelle à donner son avis. Un pareil refus, quoiqu'il n'affecte pas la validité de l'élection, ferait encourir au bureau un blâme sévère de la part de l'Assemblée nationale (*Sic*, Chambre des députés, 2 août 1834, élect. Morin).

421. En effet, si le secrétaire n'a pas les mêmes pouvoirs que les autres membres du bureau, il n'en

est pas moins partie intégrante dans les limites de ses
attributions. C'est par application de ce principe que
la jurisprudence de l'ancienne chambre des députés
le considérait comme pouvant compter au nombre des
trois membres du bureau dont la présence était alors
requise (L. 15 mars 1849, art. 37).

422. Sa présence à toutes les opérations est aussi
indispensable que celle du président : si donc il est
obligé de quitter sa place, il doit être suppléé, pendant son absence, par un des scrutateurs (Instr. min.
just., 1831).

§ 10. Procès-verbal.

423. Il doit être dressé en double, par le bureau,
procès-verbal de toutes les opérations électorales, et
ce procès-verbal doit mentionner l'accomplissement
de chacune des formalités prescrites (L. 15 mars 1849,
art. 61). Il ne suffirait pas de relater en termes généraux qu'il a été satisfait à toutes les formalités requises par la loi.

424. Le procès-verbal devra donc mentionner exac-
tement :

1° Les noms des président et scrutateurs, même
des scrutateurs supplémentaires, dont il sera ci-après
parlé, n° 458 ; et le titre à raison duquel ils remplissent ces fonctions, particulièrement s'ils sont appelés
au défaut des personnes désignées par l'art. 18 de
l'instruction du 8 mars (V. suprà, n° 393, p. 94) ;

2° La nomination du secrétaire ;

3° L'heure d'ouverture et l'heure de levée de la
séance de chacun des jours de la session ;

4° Les pièces qui doivent être déposées sur le bureau (V. suprà, n° 405, p. 95) ;

5° L'introduction des électeurs et leur appel à voter
successivement, par ordre de communes ;

6° Que le réappel a eu lieu, et qu'il a été terminé
une heure au moins avant la clôture définitive du
scrutin (Instr. 8 mars 1848, art. 28) ;

7° La remise des bulletins entièrement fermés au
président, et qu'il s'est assuré que chaque pli ne contenait qu'un seul bulletin ;

8° La constatation par l'un des membres du bureau du vote de chaque électeur, en inscrivant son nom ou son parafe en regard du nom du votant ;

9° Qu'à la fin de chaque séance, la boîte du scrutin a été fermée et scellée, et qu'elle a été déposée (dans un local fermé), sous la garde d'un poste, avec des factionnaires aux diverses issues (V.*infrà*, n° 447, p. 103) ;

10° Le nombre des citoyens appelés à voter, celui des votes émis et celui des bulletins retirés de la boîte (Instr. 8 mars, art. 29) ;

11° Que les bulletins ont été distribués, par compte, aux divers groupes de scrutateurs, et remis dans la même forme et en même nombre au bureau, après avoir été dépouillés, et que le bureau a constaté cette identité (V. *infrà*, n° 459, p. 105) ;

12° La remise au bureau, par les divers groupes de scrutateurs supplémentaires, des feuilles de dépouillement et des bulletins contestés (V. *infrà*, n° 464, p. 106) ;

13° Que des électeurs ont été admis successivement dans la salle pour assister au dépouillement du scrutin (V. *infrà*, n° 452, p. 104) ;

14° La mention des suffrages qui, n'ayant pas reçu d'attribution de la part des scrutateurs supplémentaires, auront été comptés par le bureau à tel candidat ;

15° Le nombre des suffrages obtenus par chaque candidat, tant par suite du dépouillement opéré par les scrutateurs supplémentaires, qu'en vertu des décisions du bureau sur les bulletins douteux (V. *infrà*, n° 464, p. 106).

425. L'un des doubles du procès-verbal reste déposé au greffe de la justice de paix ; l'autre double est porté au chef-lieu du département par le président du bureau ou par l'un des membres que le bureau délègue à cet effet (L. 15 mars 1849, art. 61).

426. Le bureau peut, au besoin, décider que ce double sera envoyé par la poste ou par un courrier spécial (*Ibid.*).

427. Toutes les réclamations sont insérées au pro-

7.

cès-verbal, ainsi que toutes les décisions prises par le bureau. Les pièces relatives aux réclamations, et les bulletins autres que ceux qui, conformément aux art. 38 et 57 de la loi du 15 mars 1849, sont brûlés en présence des électeurs, sont parafés par les membres du bureau, et annexés au procès-verbal (L. 15 mars 1849, art. 58). Il faut que l'Assemblée nationale puisse statuer en connaissance de cause.

428. Le procès-verbal, rédigé par le secrétaire et signé par les membres du bureau, doit être arrêté chaque jour; un procès-verbal unique pour toute la durée des opérations ne suffirait pas (Circ. min.).

429. Tout électeur a le droit de demander la consignation au procès-verbal de tous les faits et incidents qui lui paraissent de nature à influer sur l'élection; c'est même pour lui un devoir d'ordre public (V. *infrà*, modèle des procès-verbaux, sect. 19, § 7, p. 116).

Sect. XI. — *Conditions exigées pour être admis à voter.*

§ 1er. Justification de capacité.

430. Nul ne peut être admis à voter, s'il n'est inscrit sur la liste (L. 15 mars 1849, art. 42).

431. Toutefois, sont admis au vote, quoique non inscrits, les citoyens porteurs d'une décision du juge de paix ordonnant leur inscription, ou d'un arrêt de la Cour de cassation annulant un jugement qui aurait ordonné une radiation.

432. Si l'élection a lieu avant que le juge de paix ait statué sur l'appel de la décision municipale qui aura rayé un électeur, ce qui arrivera lorsque les délais n'auront pas couru par défaut de la notification exigée par les art. 77 et 79 de la loi du 15 mars 1849, l'électeur rayé, en justifiant de son appel et de l'absence de décision rendue par le juge de paix, doit être admis à voter : car, comme nous l'avons fait observer, *suprà*, n° 326, p. 79, l'appel remet en question la décision attaquée, et conserve les droits de la partie

appelante. Il n'en serait pas de même du pourvoi en cassation, ce pourvoi n'étant pas suspensif; mais, si la Cour suprême avait cassé la décision, l'électeur porteur de l'arrêt aurait, aux termes de l'art. 43 susvisé, le droit de voter, bien que le juge de paix, devant lequel il aurait été renvoyé par l'arrêt de cassation, n'eût pas encore prononcé : l'ancienne jurisprudence est constante sur ce point.

SECT. XII.—Forme de voter.

433. La forme du vote est évidemment une garantie essentielle du libre exercice du droit électoral; à ce titre, elle devait attirer l'attention du législateur, qui en a tracé avec soin les règles dans les art. 48, 49 et 50 de la loi du 19 avril 1831; 46, 47 et 48 de la loi du 15 mars 1849.

§ 1er. Appel de l'électeur.

434. Les électeurs sont appelés *successivement,* par ordre de communes (L. 15 mars 1849, art. 46), réglé par le préfet.

435. Les électeurs d'une commune peuvent rester dans la salle de l'élection après le vote de cette commune : c'est un principe reconnu dans la discussion de la loi de 1849, qui n'a pas été inscrit dans la loi, parce qu'il est des cas où il pourrait entraver les opérations. L'appréciation en est laissée au président chargé de la police de l'assemblée.

436. La loi nouvelle n'a pas reproduit la disposition de l'art. 25 de l'Instruction du 5 mars 1848, portant que les maires prendraient place au bureau pendant le vote des électeurs de leur commune, et qu'ils auraient voix consultative; mais nous ne voyons rien dans la loi de 1850 qui s'oppose à ce que cela ait lieu comme sous l'empire de la législation de 1848.

§ 2. Rédaction et couleur des bulletins.

437. L'électeur apporte son bulletin préparé en dehors de l'assemblée (L. 15 mars 1849, art. 47). Ce

n'est pas seulement une faculté laissée à l'électeur, c'est une obligation telle que le président ne peut et ne doit pas laisser écrire les bulletins dans la salle de l'assemblée électorale.

438. Le papier du bulletin doit être blanc et sans signes extérieurs (*Ibid.*).

Ainsi le président doit refuser tous bulletins sur papier de couleur ou revêtus de signes *extérieurs*, et inviter l'électeur à sortir de la salle pour en faire un autre conforme aux prescriptions de l'art. 47 de la loi du 15 mars 1849.

§ 3. Dépôt du bulletin.

439. Comme le dépôt qui en est fait par l'électeur doit être entouré de toutes les précautions nécessaires pour en assurer le secret, chaque électeur, à l'appel de son nom, remet son bulletin fermé au président, qui, après avoir examiné s'il n'en renferme pas d'autres (Instr. 28 nov. 1848), le dépose dans la boîte du scrutin, laquelle doit, avant le commencement du vote, avoir été fermée à deux serrures, dont les clefs restent, l'une entre les mains du président, l'autre entre celles du scrutateur le plus âgé (*Ibid.*, art. 48).

440. Cette formalité est exigée pour la sincérité de l'élection; mais il n'y aurait cependant pas nullité par cela seul que les bulletins auraient été déposés dans une boîte fermant à une seule clef ou à trois clefs, et même dans un carton ouvert, s'il n'y a pas eu, en réalité, atteinte portée au secret des votes ou à la sincérité de l'élection (Arg. arr. conseil d'Etat, 22 fév. 1848).

§ 4. Constatation du vote.

441. Le vote de chaque électeur est constaté par la signature ou le parafe de l'un des membres du bureau, apposé sur la liste, en marge du nom du votant (L. 15 mars 1849, art. 49).

§ 5. Réappel.

442. Il arrive toujours qu'à l'appel de leurs noms,

un plus ou moins grand nombre d'électeurs n'ont pas répondu; ils ne sont pas pour cela déchus de leurs droits.

Après que l'appel par commune a été terminé, le président doit faire faire un réappel des électeurs qui n'ont pas voté (*Ibid.*, art. 50).

443. Les électeurs, qui n'ont pas répondu à l'appel et au réappel, se présentant ensuite pour voter, doivent être admis à déposer leurs bulletins jusqu'à l'heure fixée pour la clôture du scrutin (Instr. min.).

SECT. XIII.—*Durée et clôture du scrutin.*

§ 1er. Durée.

444. Le scrutin reste ouvert pendant deux jours : le premier jour, depuis huit heures du matin jusqu'à six heures du soir, et le second jour, depuis huit heures du matin jusqu'à quatre heures du soir (*Ibid.*, art. 51).

445. Cette prescription est rigoureuse, elle a pour but d'empêcher que, par une clôture anticipée, des électeurs se trouvent privés de l'exercice de leurs droits.

446. Ce que la loi exige, en effet, ce n'est pas seulement que le scrutin soit ouvert pendant dix heures, mais qu'il ne soit jamais fermé avant six heures du soir; jusqu'à cette heure, l'électeur a le droit de voter, il est encore dans le délai légal; nul ne peut lui en enlever le bénéfice. Des peines sévères sont prononcées par l'art. 115 contre le président qui aurait enfreint cette prescription; l'inexécution de l'art. 51 entraîne, d'ailleurs, la nullité de l'élection (Assembl. élect. de l'Hérault).

§ 2. Suspension du scrutin à la fin de la première journée.

447. A six heures du soir, le scrutin du premier jour est clos, la boîte du scrutin est scellée et déposée, pendant la nuit, au secrétariat ou dans la salle de la mairie, et elle est gardée par un poste de la garde nationale. Les scellés sont également apposés sur les ouvertures de la salle où cette boîte est déposée (*Ibid.*, art. 52).

§ 3. Continuation du scrutin le second jour.

448. Si l'appel de toutes les communes a eu lieu le premier jour, on procède le lendemain au réappel.

449. Si les électeurs de plusieurs communes seulement ont été appelés le premier jour, l'appel continue comme le premier jour (Cir., 8 avril et 28 nov. 1848).

SECT. XIV. — *Dépouillement du scrutin.*

§ 1er. Formes du dépouillement.

450. La clôture du scrutin prononcée par le président, le bureau doit, séance tenante et sans aucun retard, procéder au dépouillement du scrutin (LL. 19 août 1831, art. 50, § 2, et 15 mars 1849, art. 53).

451. Peu importe que l'heure soit avancée, et que le dépouillement ne puisse être terminé avant minuit (Ch. des députés, 5 avril 1839, élect. de Guizard; 20 fév. 1846, élect. Pons).

452. Pendant cette opération, il est loisible aux électeurs d'entrer dans la salle d'assemblée, quelle que soit la commune à laquelle ils appartiennent, pourvu toutefois qu'ils ne soient pas trop nombreux, et que le silence soit observé. Le président doit prendre, à cet effet, les mesures, et donner les ordres nécessaires.

453. Afin de prévenir, de la part du bureau et des groupes de scrutateurs supplémentaires dont il sera ci-après parlé, n. 458, toute espèce de fraude dans le dépouillement du scrutin, les tables placées devant le président et les scrutateurs doivent être disposées de telle sorte que les électeurs puissent circuler alentour pendant le dépouillement (LL. 19 avril 1831, art. 49, et 15 mars 1849, art. 55).

454. Les électeurs ont non-seulement le droit de circuler autour des tables pendant le dépouillement, mais encore la faculté de stationner derrière les groupes et le bureau, pour s'assurer de la sincérité des opérations, tant que ce stationement ne va pas jusqu'à une véritable usurpation de place au préjudice des autres électeurs (Arg. Ch. des députés, 28 juillet 1842, élect. Vatout).

§ 2. Constatation du nombre des votants.

455. La première opération à faire avant de procéder à l'ouverture des bulletins est d'en constater le nombre, et de vérifier s'il est en rapport avec celui des inscriptions faites sur la liste d'émargement, lors du dépôt de chaque vote.

456. A cet effet, après que la clôture du scrutin a été prononcée, le président fait d'abord constater le nombre des votants ; il ouvre ensuite la boîte du scrutin et compte le nombre des bulletins (L. 15 mars 1849).

457. Si ce nombre est égal, ou plus grand, ou moindre que celui des votants, il en est fait mention au procès-verbal (*Ibid.*).

458. Le bureau désigne, parmi les électeurs présents, un certain nombre de scrutateurs supplémentaires, sachant lire et écrire, et les divise par tables de quatre au moins. Néanmoins, dans les colléges ou sections où il se sera présenté moins de 300 votants, le bureau peut procéder lui-même et sans l'intervention de scrutateurs supplémentaires au dépouillement du scrutin (L. 15 mars 1849, art. 54).

SECT. XV.— *Manière de procéder des scrutateurs.*

459. Le président répartit entre les diverses tables les bulletins à vérifier.

460. A chaque table, l'un des scrutateurs lit chaque bulletin *à haute voix*, et le passe à un autre scrutateur ; les noms portés sur les bulletins sont relevés sur les listes préparées à cet effet par deux scrutateurs (Circul. 8 avril 1848. V. *infrà*, sect. 19, modèles § 4, p. 114).

461. Toute fraude, même la plus légère, commise par un scrutateur ou un membre du bureau, est punie, par l'art. 102, d'un emprisonnement d'un an à cinq ans et d'une amende de 500 fr. à 5,000 fr.

462. Les deux scrutateurs chargés d'inscrire simultanément, sur les feuilles de dépouillement ci-dessus mentionnées, les suffrages obtenus par les divers candidats, devront s'avertir mutuellement lorsqu'ils auront noté dix voix données à un même citoyen (Circ. 8 avril 1848).

463. Quand le dépouillement d'une table ou groupe de bulletins est terminé, un des scrutateurs supplémentaires consigne le nombre des suffrages obtenus par chaque candidat (*Ibid.*).

464. Lorsque les scrutateurs ne sont pas d'accord sur l'attribution d'un suffrage à tel candidat, ils doivent s'abstenir d'en tenir compte, et l'un d'eux écrit, en regard du nom douteux, *à vérifier*, avec son parafe et ceux de ses collègues du groupe. L'attribution de ce suffrage ne peut être faite que par le bureau, qui statue ; les scrutateurs supplémentaires ont voix consultative seulement (*Ibid.*).

SECT. XVI.—*Appréciation des bulletins par le bureau.*

465. Les fonctions du bureau consistent, avant tout, dans l'appréciation des divers bulletins, alors que cette appréciation peut donner lieu à des difficultés, soit en ce qui concerne leur valeur extrinsèque et intrinsèque, soit aussi pour déterminer à quel candidat ils peuvent être attribués.

466. Sont valables les bulletins contenant plus ou moins de noms qu'il n'y a de citoyens à élire. Les derniers noms inscrits au delà de ce nombre ne doivent pas être comptés (L. 15 mars 1849, art. 56).

467. Néanmoins, nous pensons que, dans le cas où un bulletin contient plus de noms qu'il n'y a d'élections à faire, si les premiers noms sont effacés ou illisibles, ces noms doivent être considérés comme non écrits, et les suivants comptés jusqu'au nombre des citoyens à élire.

468. Les bulletins blancs, ceux ne contenant pas une désignation suffisante, ou contenant une désignation ou qualification inconstitutionnelle, ou dans lesquels les électeurs se font connaître, n'entrent point en compte dans le résultat du dépouillement, mais

ils doivent être annexés au procès-verbal (L. 15 mars 1849 art. 57).

469. Mais un bulletin contenant une désignation injurieuse doit compter au candidat auquel il s'applique : c'est ce qui résulte du moins des discussions de l'Assemblée, qui a rejeté un amendement de M. de Kerdrel, tendant à ajouter au mot *inconstitutionnelle* les mots *ou injurieuse*.

470. Si un candidat a un nom composé de deux noms, on doit lui attribuer le bulletin ne portant qu'un nom, pourvu que ce nom n'appartienne à aucune autre personne (Ch. des députés, 4 août 1834, élect. Leroy-Myon).

471. On ne doit pas non plus s'arrêter à l'omission, dans un bulletin, d'une lettre dont l'absence ne change pas la prononciation du nom du candidat, et ne constitue qu'une faute d'orthographe (*Ibid.*, 30 juillet 1831, élect. Gauthier-d'Hauteserve).

472. Il en est de même de l'addition d'une lettre (*Ibid.*, 22 décembre 1837, élect. Toye).

473. En un mot, on attribue valablement à un candidat un bulletin, quelque mal écrit ou mal orthographié qu'il soit (*Ibid.*, 20 juill. 1831, Meynard; 11 août 1834, Furnéron-d'Ardeuil; 6 août 1834, Reybaud; 20 février 1836, Monthierry; 22 déc. 1837, Durand de Corbiac).

474. On ne doit pas annuler des bulletins employant des dénominations diverses pour la désignation d'un candidat, s'ils concernent d'une manière certaine ce candidat (*Ibid.*, 6 avril 1839, Vatout).

475. Il n'y a pas nullité de ce que les qualifications diverses, telles que celle d'excellent citoyen, de magistrat intègre, ou de républicain, ou de bonapartiste, ou de monarchiste, etc., portées sur des bulletins, se trouvent jointes au nom du candidat, surtout si la majorité des bulletins ne portait pas de semblables qualifications (*Ibid.*, 1er août 1834, Bonnefous ; 20 décembre 1838, Limperani).

476. Un bulletin portant le nom d'un des candidats *et moi* doit être attribué au candidat désigné ;

l'expression *et moi* ne pouvant s'appliquer à personne, le bulletin reste acquis au candidat désigné (*Ibid.*, 3 mars 1838, Flourens).

SECT. XVII. — *Formes et clôture du dépouillement du scrutin de chaque section et de chaque circonscription.*

477. Le dépouillement des bulletins opéré, le président en proclame le résultat, et les bulletins autres que ceux qui, conformément aux art. 38 et 57, doivent être annexés au procès-verbal (V. *suprà,* n° 468, p. 106), sont brûlés en présence des électeurs (L. 15 mars 1849, art. 58). Cette mesure a pour but principal de garantir le secret et l'indépendance des votes.

478. Le résultat en est immédiatement arrêté et signé par le bureau; il est ensuite porté par le président au bureau de la première section qui, en présence des présidents des autres sections, opère le recensement général des votes, et en proclame le résultat (L. 15 mars 1849, art. 59).

479. Dans les cantons divisés en plusieurs circonscriptions, le résultat du recensement dans chaque circonscription est porté au bureau de la circonscription du chef-lieu, et le recensement cantonal est fait par ce bureau en présence des présidents des autres bureaux.

480. Le bureau central sectionnaire n'a pas à revenir sur les attributions des bulletins faites par les sections; il doit faire le recensement d'après les procès-verbaux.

SECT. XVIII.—*Opérations du bureau central et départemental.*

§ 1ᵉʳ. Recensement général des votes.—Formation du bureau.

481. Le recensement général des votes se fait au chef-lieu du département, en séance publique, et en présence des délégués des bureaux des assemblées cantonales, sous la présidence du juge de paix ou du doyen des juges de paix du chef-lieu.

482. A Paris, ce recensement a lieu sous la présidence du doyen des maires (L. 15 mars 1849, art. 61).

483. Le bureau central est formé de deux délégués par canton, pris parmi les bureaux des assemblées cantonales, sous la présidence du juge de paix ou du doyen des juges de paix (en titre et non en âge) du chef-lieu du département.

484. Le bureau constitué aux jour, lieu et heure, désignés par arrêté préfectoral, adressé à tous les pré·· sidents cantonaux, désigne un secrétaire parmi ses membres.

§ 2. Ouverture de la séance.

485. L'un des délégués cantonaux donne lecture des procès–verbaux des diverses assemblées de sa circonscription et des réclamations qu'ils contien-draient.

§ 3. Attributions du bureau central.

486. Le bureau peut donner son avis sur ces récla-mations, qu'il joint au procès-verbal comme docu-ments propres à éclairer la décision de l'Assemblée nationale, à laquelle il appartient de statuer définiti-vement (V. *suprà*, n° 415, p. 97).

487. Le bureau central n'a pas à revenir sur les attributions de bulletins faites par les assemblées can-tonales. Il doit se borner à faire le recensement général des votes, suivant les procès-verbaux arrêtés par ces assemblées.

§ 4. Proclamation du résultat du recensement général des votes.

488. Le recensement général des votes terminé, le président en fait connaître le résultat, qu'il proclame en présence de l'assemblée (L. 15 mars 1849, art. 63).

489. S'il s'agit d'élection à l'Assemblée nationale, le président proclame représentant du peuple, dans la limite du nombre attribué au département par la loi, les candidats qui, au premier tour de scrutin, ont réuni un nombre de voix égal au quart des électeurs inscrits sur la totalité des listes électorales du dépar-tement (L. 31 mai 1850, art. 13).

§ 5. Second tour de scrutin.

490. Dans le cas où, au premier tour de scrutin,
le nombre des candidats est resté inférieur au nombre
de représentants attribué au département par la loi,
le président proclame seulement élus ceux qui ont
réuni un nombre de voix égal au quart des électeurs
inscrits, et annonce que l'élection est continuée au
deuxième dimanche qui suivra le jour de la proclamation du résultat du premier scrutin, et qu'elle aura
lieu alors à la majorité relative, quel que soit le
nombre de suffrages obtenus (L. 15 mars 1849, art.
65).

§ 6. Procès-verbal.

491. Le secrétaire rédige un double procès-verbal
circonstancié de toutes les opérations, dires et observations auxquels a donné lieu le recensement (V. *infrà*,
modèles, sect. 19, § 7 et 8, et *suprà*, n° 427 et suiv.,
p. 99 et suiv.).

492. Le procès-verbal doit surtout présenter le
résultat du recensement général des votes des assemblées cantonales, et contenir les noms de tous les
candidats rangés par ordre décroissant de suffrages
obtenus avec indication du nombre de voix.

493. Toutefois, les noms des candidats ayant obtenu
des suffrages peuvent être inscrits, et ce mode de
procéder est préférable, sur une feuille détachée, pré-
parée pour recevoir le résultat du recensement, qui
serait signée par les membres du bureau (Instr. min.;
V. *infrà*, sect. 19, modèles § 5 ou 6, suivant le cas).

494. Il n'est pas nécessaire que le procès-verbal
soit écrit de la main du secrétaire (Arr. Cons. d'Etat,
28 mai 1838), ni lu devant les électeurs (*Ibid.*, 28 janv.
1841). Néanmoins, nous pensons qu'il est convenable
d'en donner lecture.

495. Lorsque le procès-verbal est régulier, la foi
qui est due aux énonciations qu'il renferme ne peut
être détruite par de simples allégations (Cons. d'Etat,
24 oct. 1832; 16 déc. 1835; 23 août 1836; 13 avril
1842; 3 mai 1844. *Sic*, Cormenin, t. 2, p. 144, n° 15).

SECT. XIX.—*Formules ou modèles de procès-verbaux et tableaux.*

Département de....

Arrondissement de.....

§ 1er. Procès-verbal de désignation des délégués désignés par le juge de paix, en exécution de l'art. 1er de la loi du 31 mai 1850.

Canton de....

Nous, Adolphe A..., juge de paix du canton de..., arrondissement de..., département de...;

Vu l'article 1er de la loi électorale des 31 mai et 3 juin 1850, et les circulaires, pour l'exécution de cette loi, des ministres de l'intérieur et de la justice, des 5 et 8 juin 1850 ;

Considérant que l'article 1er de la loi précitée, en décidant que le maire sera assisté, pour dresser la liste électorale, de deux délégués, pour chaque commune, désignés par le juge de paix, et domiciliés dans le canton, a pour but d'entourer la formation des listes des plus grandes garanties ;

Que le juge de paix, pour se conformer à cette intention, doit choisir les délégués les plus honorables ayant leur domicile réel, depuis au moins trois ans, dans le canton, ou y exerçant des fonctions publiques, et les plus aptes à remplir avec discernement et loyauté ces importantes fonctions,

Avons désigné et désignons par la présente, qui sera déposée au greffe de notre justice de paix, délégués pour assister MM. les maires dans la confection des listes électorales des communes du canton de....

Savoir :

1° Pour la commune de. . . . .

M. . . . .

Et

M. . . . .

2° Pour la commune de. . . . . .

M. . . . .

Et

M. . . . .

3° Etc. . . . , etc. . . . .

Fait et donné à..... le..... 185

(*Signature du juge de paix.*)

§ 2. Formules des déclarations prescrites par les articles 3 et 4 de la loi électorale du 31 mai 1850.

**1° *Déclaration pour le fils, gendre ou autre descendant qui a son do-
micile chez son ascendant.***

Je soussigné. . . (1).
Domicilié à. . . (2).
Rue. . .
Certifie que mon. . . (3).
Nom. . .
Prénoms. . .

Naissance $\begin{cases} \text{né à. . .} \\ \text{le. . .} \end{cases}$

Profession. . .
Vivant dans la même maison que moi depuis. . . n'a pas discontinué
de vivre chez moi jusqu'à. . . (4).

A. . . le. . .

(Signature.)

Vu pour légalisation de la signature de M. . .,
apposée ci-dessus.

Le commissaire de police,

(Signature.)

2° Déclaration du maître.

Je soussigné. . . (5).
Domicilié à. . . (6).
Rue. . .
Certifie que M. . .
Nom. . .
Prénoms. . .

Naissance $\begin{cases} \text{né à. . .} \\ \text{le. . .} \end{cases}$

Demeure et sert chez moi en qualité de. . . depuis le. . . (7).

A. . . le. . .

(Signature.)

Vu pour légalisation de la signature de M. . .
apposée ci-dessus.

Le commissaire de police,

(Signature.)

---

(1) Indiquer les nom, prénoms et qualité.
(2) Indiquer la commune et le canton ; pour Paris, l'arrondissement et le
quartier.
(3) Dire : fils, petit-fils, gendre, etc.
(4) Indiquer les jours, mois et an.
(5) Indiquer les nom, prénoms et qualité.
(6) Indiquer la commune et le canton ; pour Paris, l'arrondissement et le
quartier.
(7) Indiquer les jours, mois et an.

3° *Déclaration du patron.*

Je soussigné... (1).
Domicilié à... (2).
Rue...
Certifie que M...
Nom...
Prénoms...

Naissance { né à...
{ le...

Profession...

Demeure et travaille chez moi (ou) dans un des bâtiments de mon exploitation, depuis le (3).

A... le...

(Signature.)

Vu pour légalisation de la signature de M..., apposée ci-dessus.

Le commissaire de police,

(Signature.)

§ 3. **Formules de réclamations des contribuables non portés à l'état des imposables dans les villes rédimées.**

1° *Réclamation pour l'imposition* (4).

Monsieur le Préfet,

Domicilié à Paris, rue..., n°..., précédemment (mettre ici les domiciles successifs que le réclamant a pu occuper), depuis... (mettre une date antérieure au 1er janvier 1847 pour éviter toute difficulté), je viens réclamer mon inscription sur l'état des imposables pour 1847, 1848, 1849 et 1850.

Je joins à ma demande les attestations légalisées des divers propriétaires chez lesquels j'ai demeuré (ou toutes autres pièces probantes).

Signer et faire légaliser par le commissaire de police.

2° *Réclamation pour l'inscription électorale* (5).

Monsieur le Maire,

J'ai l'honneur de vous adresser ci-joint copie de la réclamation adressée ce jour, par moi, à M. le préfet de..., pour faire statuer sur l'omission de mon nom sur l'état des imposables de 1847, 1848, 1849 et 1850.

En conséquence, je réclame mon inscription sur la liste électorale du... arrondissement.

Signer et joindre la copie de la lettre au préfet.

---

(1) Indiquer les nom, prénoms et qualité.
(2) Indiquer la commune et le canton ; pour Paris, l'arrondissement et le quartier.
(3) Indiquer les jour, mois et an de l'entrée chez le patron.
(4) Cette réclamation n'a pas besoin d'être faite sur papier timbré.
(5) Réclamer un récépissé de cette demande, qui doit être inscrite avec son numéro d'ordre sur le registre tenu à cet effet à la mairie.

§ 4. Feuilles de dépouillement de scrutin.

Département
de...

Arrondissement
de...

Canton de...

ÉLECTION DE

Année 185...

1er *Modèle.*

NOMS des CANDIDATS.	NOMBRE DE VOIX.				TOTAUX.
	1 1 1 1 1 1 1 1 1 1 1 1 1 1 1 1 1 1 1 1 1 1 1 1 1 1 1 1 1 1 1 1 1 1 1.2.3.4.5.6.7.8.9.0. 1.2.3.4.5.6.7.8.9.0. 1.2.3.4.5.6.7.8.9.0. 1.2.3.4.				

Feuilles de dépouillement de scrutin.

Département
de....

Arrondissement
de....

Canton de....

ÉLECTION DE.....

Année 185....

2e *Modèle.*

M.	M.	M.	M.
. . . .	. . . .	. . . .	. . . .
20.	20.	20.	20. . . . .
. . . .	. . . .	. . . .	. . . .
40.	40.	40.	40. . . . .
. . . .	. . . .	. . . .	. . . .
. . . .	. . . .	. . . .	. . . .
300.	300.	300.	300. . . . .
M.	M.	M.	M.
. . . .	. . . .	. . . .	. . . .
20.	20.	20.	20. . . . .
. . . .	. . . .	. . . .	. . . .
100.	100.	100.	100. . . . .

Département de.... § 5. Tableau de recensement des votes des sections ou circonscriptions du canton de....

Arrondissement de....

ÉLECTION DE..... (1).

Année 185...

NUMÉROS D'ORDRE.	NOMS des CANDIDATS.		DÉSIGNATION des bureaux de sections et nombre des suffrages obtenus par chaque candidat dans chaque section.				TOTAUX.
			Chartres.	Bailleau.	Clévilliers.	Saint-Prest.	
		Nombre d'électeurs inscrits...	»	»	»	»	»
		Idem de votants.	»	»	»	»	»
1°	M. A.		»	»	»	»	»
2°	M. B.		»	»	»	»	»
3°	M. C.		»	»	»	»	»
4°	M. etc.		»	»	»	»	»
5°	. . . .		»	»	»	»	»
6°	. . . .		»	»	»	»	»
	TOTAUX. . . .		»	»	»	»	»

Certifié véritable par les membres du bureau soussignés.

A.... le... 185... (*Signatures.*)

Département de... § 6. Tableau de recensement général des votes des neuf cantons du département de....

Arrondissement de...

ÉLECTION DE.... (2).

Année 185...

Nᵒˢ D'ORDRE.	NOMS des CANDIDATS.		DÉSIGNATION des noms des cantons et nombre des suffrages obtenus par chaque candidat dans chaque canton.									TOTAUX.
			A.	B.	C.	D.	E.	F.	G.	H.	I.	
		Nombre d'électeurs inscrits....	»	»	»	»	»	»	»	»	»	
		Idem de votants.	»	»	»	»	»	»	»	»	»	
1°	M. A..		»	»	»	»	»	»	»	»	»	»
2°	M. B..		»	»	»	»	»	»	»	»	»	»
3°	M. C..		»	»	»	»	»	»	»	»	»	»
4°	M. D..		»	»	»	»	»	»	»	»	»	»
5°	M. etc.		»	»	»	»	»	»	»	»	»	»
	TOTAUX. . .		»	»	»	»	»	»	»	»	»	»

Certifié véritable par les membres du bureau central et départemental, soussignés.

A... le... 185.... (*Signatures.*)

(1) Désigner l'objet de l'élection. — (2) *Idem.*

8.

Département   Nombre d'élec-
de...   ÉLECTION DE.... (1).   teurs inscrits...

Arrondissement   —   Nombre
de...   de votants......

Canton de...   Année 185...

§ 7. Procès-verbal des opérations de l'assemblée électorale de la.... (2) du
canton de...

L'an mil huit cent..., le ..., huit heures précises du matin, dans la
salle de ... (3), désignée par ... (4),

En exécution des lois des... (5), des circulaires ministérielles et arrêtés du préfet de..., et du maire de..., relatifs à l'élection de... (6),

Le bureau de la première section électorale du canton de..., composé
de M..., juge de paix dudit canton, président, et de MM... (7)..., tous (8)
conseillers municipaux de ..., désignés, conformément à l'art. 36 de la
loi électorale du 15 mars 1849, pour remplir les fonctions d'assesseurs,
est entré en séance, et a choisi pour secrétaire M..., qui a pris place immédiatement au bureau et a ouvert le procès-verbal des opérations
électorales.

Le président a déposé sur le bureau :

1° Un recueil des dispositions de la Constitution et des lois des 15
mars 1849 et 31 mai 1850;

2° Les instructions ministérielles et préfectorales concernant les opérations électorales;

3° Les listes officielles des électeurs, en nombre égal à celui des
communes de la circonscription de la première section du canton de ...,
numérotées par le président dans l'ordre successif où les communes
devront être appelées à voter; lesdites listes comprenant ensemble... (9)
d'électeurs...;

4° Les arrêtés de M. le préfet de ... et de M. le maire de..., précités.

Des listes indiquant les conditions d'éligibilité à (10), dans les termes
de l'art... (11), ont été affichées dans la salle de l'assemblée électorale.

Le président a donné lecture des articles de la Constitution et des lois
des 15 mars 1849 et 31 mai 1850, relatifs à l'éligibilité de ... (12) et aux
dispositions pénales pour délits en matière d'élection.

Le président a fait placer ensuite sur la table, autour de laquelle siége
e bureau, la boîte du scrutin, qui, après avoir été ouverte et vérifiée

---

(1) Désigner l'objet de l'élection.
(2) Indiquer la section électorale.
(3) Indiquer le lieu.
(4) Désigner l'autorité.
(5) Rapporter ici les lois et décrets avec les dates.
(6) Comme à la première note.
(7) Nom, prénoms, qualités et demeures des assesseurs.
(8) Quatre.
(9) Nombre.
(10) Dire si c'est à la présidence ou à l'Assemblée nationale ou législative.
(11) L'art. 44 de la Constitution, s'il s'agit de l'élection du président, et 79
de la loi du 15 mars 1849, s'il s'agit de l'élection des représentants du peuple.
(12) Président de la République ou des représentants.

pour s'assurer qu'elle ne contenait aucun papier, a été fermée à trois serrures dont les clefs ont été remises, l'une entre les mains du président, la deuxième à M..., comme le plus âgé des assesseurs, et la troisième à M..., comme le plus jeune.

Le président proclame ensuite l'ouverture du scrutin, ordonne l'admission des électeurs des diverses communes de la circonscription sectionnaire, suivant l'ordre déterminé par l'arrêté de M. le préfet du ..., et de M. le maire du ..., pris en conformité des art. 16 et 23 de l'Instruction du 8 mars 1848.

A l'appel de son nom, chaque électeur a présenté sa carte, dont un coin a été déchiré par un des assesseurs, et a remis son bulletin fermé au président, qui, après s'être assuré que chaque pli ne renfermait qu'un bulletin, l'a déposé dans la boîte du scrutin.

Le vote de chaque électeur a été constaté par la signature ou le parafe de l'un des membres du bureau, apposé sur la liste, en regard du nom du votant.

L'appel par commune étant terminé, il a été procédé au réappel de tous ceux qui n'ont pas voté;

Et attendu qu'il est six heures du soir, que le scrutin doit rester ouvert pendant deux jours, le président, en présence du bureau et des électeurs se trouvant dans l'assemblée électorale, après avoir fermé et scellé la boîte du scrutin, du sceau de la justice de paix du canton de..., au moyen d'une feuille de papier double sur l'ouverture de ladite boîte et d'un ruban de fil gris, passé en croix et fixé sur ladite ouverture, a levé la séance, à laquelle trois membres au moins du bureau ont toujours été présents, et renvoyé la continuation des opérations à demain, huit heures du matin.

Le bureau, escorté d'un piquet de garde nationale, a été déposer la boîte, ainsi scellée, à la mairie de ..., dans une pièce indiquée par M. le maire, fermée à clef, et des factionnaires ont été placés à toutes les issues de la pièce où ce dépôt a été effectué sous la responsabilité de l'officier du poste.

Fait et arrêté le présent procès-verbal en double les jour, mois et an que dessus, et ont les membres du bureau signé après lecture.

(Signatures.)

Et le ..., sept heures du matin, le bureau s'est rendu à l'hôtel de la mairie de...; il a reconnu et fait reconnaître aux électeurs présents que les scellés apposés sur les ouvertures de la salle où la boîte du scrutin a été déposée pendant la nuit étaient sains et entiers. Il les a brisés et a fait rapporter cette boîte dans la salle de..., sous l'escorte d'un piquet de garde nationale.

A huit heures précises du matin, le président, les ... assesseurs et le secrétaire dénommés au procès-verbal qui précède ont pris place au bureau.

Le président a levé les scellés apposés sur la boîte du scrutin, placée sur la table du bureau, et le scrutin a été continué dans les formes indiquées au procès-verbal de la séance du jour d'hier.

A six heures du soir, le scrutin a été clos. La boîte du scrutin a été ouverte, et les bulletins qu'elle contenait, vérifiés par le bureau, se sont trouvés au nombre de ..., nombre égal à celui des votants, constaté par les parafes apposés sur les listes d'appel.

Le dépouillement de ces bulletins a été fait immédiatement sous la surveillance des membres du bureau, conformément aux prescriptions des lois électorales et instructions ministérielles sus-énoncées, par MM... (1), scrutateurs, sachant lire et écrire, désignés par le bureau parmi les électeurs présents, lesquels ont été divisés par tables de quatre, disposées de manière à ce que l'on pût circuler alentour.

Le président a remis aux scrutateurs de chaque table un paquet de cent bulletins, et n'en a délivré un nouveau de cent autres qu'après que les premiers lui ont été rendus dans la même forme et en même nombre qu'ils avaient été remis : ce qui a été vérifié par le bureau.

L'un des scrutateurs, à chaque table, a lu successivement les bulletins à haute voix et les a passés à un autre scrutateur.

Les noms portés sur les bulletins ont été relevés sur ... (2) feuilles de dépouillement signées et remises par les scrutateurs au bureau (3).

Le bureau, après avoir examiné ces divers bulletins et en avoir délibéré en présence des scrutateurs supplémentaires qui n'ont eu que voix consultative,

Considérant...,

A... (4) été d'avis d'attribuer (5).

Ce fait, le dépouillement, y compris les suffrages attribués au sieur..., par la décision qui précède, a donné les résultats suivants :

M... a obtenu ... suffrages.

M.   .   .   .   .

M.   .   .   .   .

Le résultat du scrutin ayant été rendu public, les bulletins ont été brûlés en présence des électeurs, à l'exception de ..., bulletins annexés au présent, ainsi qu'il est ci-dessus dit.

Le recensement cantonal des votes ayant été fixé par arrêté préfectoral du ... mois, à ... heure de ..., dans la salle où il est présentement procédé, le président a déclaré la séance levée et continuée à demain, heure et lieu sus-indiqués.

Pendant cette séance, trois membres au moins du bureau ont toujours été présents.

Fait et arrêté le présent procès-verbal en double, les jour, mois, an et lieu susdits, et ont les membres du bureau signé après lecture.

(Signatures.)

Et le..., heure de..., à... en la salle de...,

Le bureau de la première section ou circonscription électorale du canton de..., composé comme il est énoncé aux procès-verbaux qui précèdent, ayant reçu les procès-verbaux constatant les résultats des votes exprimés dans les assemblées des autres sections ou circonscriptions électorales dudit canton, a procédé, en présence des présidents de ces assemblées, au recensement cantonal des suffrages.

Ce recensement a donné les résultats suivants (6) :

---

(1) Noms, prénoms, qualités et demeures de seize citoyens; mais dans les collèges où il se sera présenté moins de 300 votants, le bureau pourra procéder seul au dépouillement du scrutin. V. *suprà* p. 105, n° 458.

(2) Nombre.

(3) S'il y a des bulletins contestés, on l'indique ici, ainsi que le nombre de ces bulletins et les causes qui ont arrêté les scrutateurs supplémentaires.

(4) A la majorité de... contre..., ou à l'unanimité.

(5) Dire le nombre des bulletins et les noms auxquels le bureau les aura attribués ; si, au contraire, ils sont nuls, on devra les annexer au procès-verbal.

(6) Voy. *suprà*, le tableau § 6, qu'on peut intercaler ici, si mieux on n'aime,

Le résultat du recensement a été immédiatement proclamé par le président du bureau central et cantonal.

Le bureau charge M... (1) de porter au bureau central et départemental un double du présent procès-verbal auquel sont joints :

1° Les doubles des procès-verbaux de autres assemblées du canton ;

2° Les feuilles de dépouillement de la première section, les trois autres sections n'en ayant pas produit ;

3° Et les bulletins conservés conformément aux art. 38 et 57 de la loi électorale du 15 mars 1849.

Les opérations de l'assemblée terminées, le président donne lecture du procès-verbal et lève la séance.

Fait et clos en double, à..., dans la salle de..., le..., et ont MM. les présidents des assemblées électorales du canton signé avec les membres du bureau, après lecture faite.

(*Signatures.*)

Département
de... —

Présidence
de M. Ad. A...,
doyen des
juges de paix de
la ville de...

ÉLECTION DE... (2).

—

Année 185...

Electeurs inscrits. ...

Votants.. ...

§ 8. Procès-verbal du recensement général des votes des (3) cantons du département de. . . .

L'an..., le..., dans la salle de..., à...,
En exécution (4).
MM.   . . . .
. . . .

Présidents et secrétaires ou délégués des (5) assemblées électorales, cantonales, du département de... dûment convoqués par l'arrêté préfectoral susvisé,

Se sont réunis et constitués en bureau central et départemental, à l'effet de procéder au recensement général des votes émis par les assemblées électorales des... cantons ci-dessus rappelés, et de ceux des citoyens appartenant à l'armée de terre ou à l'armée de mer.

M. Adolphe A..., juge de paix du canton de..., doyen des présidents des assemblées cantonales tenues dans la ville de..., déclare le bureau central et départemental légalement constitué et invite les membres qui le composent à nommer l'un deux pour faire les fonctions de secrétaire.

___

ce qui est préférable, le dresser séparément et l'annexer ; alors on dira : « Les résultats constatés au tableau ci-joint et annexé, signé par les membres du bureau. »

(1) Nom et qualité du délégué ; dire s'il accepte.

(2) Du président de la République ou des représentants du peuple à l'Assemblée législative ou constituante.

(3) Indiquer le nombre des cantons.

(4) Rappeler ici les lois, circulaires ministérielles et arrêtés locaux, en vertu desquels a lieu l'élection.

(5) En indiquer le nombre.

M... est désigné pour remplir ces fonctions et prend place immédiatement à la droite du président.

M. le président de l'assemblée dépose sur le bureau les procès-verbaux d'élection et pièces y relatives, sous enveloppes cachetées et scellées : les scellés, reconnus sains et entiers, sont successivement brisés par le président, et le secrétaire donne lecture des procès-verbaux des diverses assemblées cantonales et des réclamations qu'ils contiennent (1).

. . . .

Le dépouillement de ces procès-verbaux donne les résultats suivants (2) :

(Noms des élus.)

M. A... a obtenu   suffrages ;
M. C. . . . .
M. Q. . . . .
Le recensement général terminé, le président proclame (3).

. . . .

Fait et dressé le présent procès-verbal en double, pour, l'un de ces doubles, avec les procès-verbaux des opérations électorales cantonales et les pièces y annexées, être transmis par les soins de M. le préfet au président de l'Assemblée nationale, et l'autre rester déposé au greffe de la justice de paix du ressort du président, conformément aux articles combinés 61 et 67 de la loi du 15 mars 1849.

Et ont les membres du bureau central et départemental signé avec le président et le secrétaire, après lecture faite.

(Signatures.)

---

(1) Les indiquer ici successivement les unes après les autres.

(2) Voy. *suprà*, le tableau § 6, qu'on peut intercaler ici, si mieux on n'aime, ce qui est préférable, le dresser séparément et l'annexer au procès-verbal ; dans ce dernier cas, on dira : « Les résultats constatés au tableau ci-joint et annexé, signé par les membres du bureau central et départemental. »

(3) S'il s'agit de la nomination du président, on dit : « Dans l'ordre décroissant des suffrages, les noms de tous les citoyens qui ont obtenu des voix pour la présidence, dans le département de..., ainsi qu'il suit : » Voy. le tableau § 6, qu'on pourrait intercaler ici, si mieux on n'aime, ce qui est préférable, le dresser séparément et l'annexer ; dans ce dernier cas, on dira : « Les résultats constatés au tableau ci-joint et annexé, signé par les membres du bureau central et départemental. »

S'il s'agit d'élection à l'Assemblée nationale ou législative, on dit : « Représentant du peuple, comme ayant obtenu un nombre de voix égal au quart des électeurs inscrits sur la totalité des listes électorales du département. » Voy. le tableau § 6, etc., comme ci-dessus.

SECT. XX. — LÉGISLATION.

Lois électorales des 2, 28 fév.-15 mars 1849 et 31 mai 1850, et circulaires ministérielles des 5 et 8 juin 1850, interprétatives de ces lois.

§ 1er. Loi électorale des 2, 28 fév.-15 mars 1849.

TITRE Ier.—FORMATION DES LISTES ÉLECTORALES.

ART. Ier. Dans les douze jours qui suivront la promulgation de la présente loi, la liste électorale sera dressée pour chaque commune par le maire.

2. Elle comprendra, par ordre alphabétique,

1° Tous les Français âgés de vingt et un ans accomplis, jouissant de leurs droits civils et politiques et habitant dans la commune depuis six mois au moins;

2° Ceux qui, n'ayant pas atteint, lors de la formation de la liste, les conditions d'âge et d'habitation, les acquerront avant sa clôture définitive.

Les militaires en activité de service et les hommes retenus pour le service des ports ou de la flotte, en vertu de leur immatriculation sur les rôles de l'inscription maritime, seront portés sur les listes des communes où ils étaient domiciliés avant leur départ.

Les conditions d'habitation depuis six mois au moins dans la commune ne seront point exigées des citoyens qui, en vertu du décret du 19 septembre dernier, auront quitté la France pour s'établir en Algérie.

3. Ne seront pas inscrits sur la liste électorale,

1° Les individus privés de leurs droits civils et politiques par suite de condamnation, soit à des peines afflictives et infamantes, soit à des peines infamantes seulement;

2° Ceux auxquels les tribunaux, jugeant correctionnellement, ont interdit le droit de vote et d'élection par application des lois qui autorisent cette interdiction ;

3° Les condamnés pour crime à l'emprisonnement, par application de l'article 463 du Code pénal;

4° Les condamnés à trois mois de prison au moins, pour vol, escroquerie, abus de confiance, soustraction commise par des dépositaires de deniers publics, ou attentat aux mœurs prévu par l'art. 334 du Code pénal;

5° Ceux qui ont été condamnés à trois mois de prison, par application des art. 318 et 423 du Code pénal;

6° Ceux qui ont été condamnés pour délit d'usure ;

7° Les interdits ;

8° Les faillis qui, n'ayant point obtenu de concordat ou n'ayant point été déclarés excusables conformément à l'art. 538 du Code de commerce, n'ont pas, d'ailleurs, été réhabilités.

Toutefois, le paragraphe 3 du présent article n'est applicable, ni aux condamnés en matière politique, ni aux condamnés pour coups et blessures, si l'interdiction du droit d'élire n'a pas été, dans le cas où la loi l'autorise, prononcée par l'arrêt de condamnation.

4. Après l'expiration du délai porté à l'art. 1er, la liste dressée par le maire sera immédiatement déposée au secrétariat de la mairie pour y être communiquée à tout requérant ; elle pourra être copiée et reproduite par la voie de l'impression.

Le jour même du dépôt de la liste, avis de ce dépôt sera donné par affiches apposées aux lieux accoutumés.

5. Une copie de la liste et du procès-verbal constatant l'accomplissement des formalités prescrites par l'article précédent sera en même temps transmise au sous-préfet de l'arrondissement, qui l'adressera, dans les deux jours, avec ses observations, au préfet du département.

6. Si le préfet estime que les formalités et les délais prescrits par la loi n'ont pas été observés, il devra, dans les deux jours de la réception de la liste, déférer les opérations du maire au conseil de préfecture du département, qui statuera dans les trois jours, et fixera, s'il y a lieu, le délai dans lequel les opérations annulées devront être refaites.

Dans ce dernier cas, le conseil de préfecture pourra, par la même décision, réduire à cinq jours le terme pendant lequel les citoyens devront prendre connaissance de la liste et former leurs réclamations ; il pourra également ordonner que les réclamations seront, dans les trois jours de leur date, portées devant le juge de paix, directement et sans examen préalable, par la commission municipale.

7. Tout citoyen omis sur la liste pourra, dans les dix jours à compter de l'apposition des affiches, présenter sa réclamation à la mairie.

Dans le même délai, tout électeur inscrit sur l'une des listes du département pourra réclamer la radiation ou l'inscription de tout individu omis ou indûment inscrit.

Il sera ouvert, dans chaque mairie, un registre sur lequel les réclamations seront inscrites par ordre de date : le maire devra donner récépissé de chaque réclamation.

8. L'électeur dont l'inscription aura été contestée en sera averti sans frais par le maire, et pourra présenter ses observations.

Les réclamations seront jugées, dans les cinq jours, par une commission composée, à Paris, du maire et de deux adjoints ; partout ailleurs, du maire et de deux membres du conseil municipal désignés à cet effet par le conseil.

9. Notification de la décision sera, dans les trois jours, faite aux parties intéressées par le ministère d'un agent assermenté.

Elles pourront en appeler dans les cinq jours de la notification.

10. L'appel sera porté devant le juge de paix du canton ; il sera formé par simple déclaration au greffe ; le juge de paix statuera dans les dix jours, sans frais ni formes de procédure, et sur simple avertissement donné, trois jours à l'avance, à toutes les parties intéressées.

Toutefois, si la demande portée devant lui implique la solution préjudicielle d'une question d'état, il renverra préalablement les parties à se pourvoir devant les juges compétents, et fixera un bref délai dans lequel la partie qui aura élevé la question préjudicielle devra justifier de ses diligences. Il sera procédé, en cette circonstance, conformément aux art. 855, 856 et 858 du Code de procédure.

11. La décision du juge de paix sera en dernier ressort, mais elle pourra être déférée à la Cour de cassation.

12. Le pourvoi ne sera recevable que s'il est formé dans les dix jours de la notification de la décision ; il ne sera pas suspensif.

Il sera formé par simple requête, dispensé de l'intermédiaire d'un avocat à la Cour, et jugé d'urgence sans frais ni consignation d'amende.

13. Tous les actes judiciaires seront, en matière électorale, dispensés du timbre, et enregistrés gratis.

Les extraits des actes de naissance nécessaires pour établir l'âge des électeurs seront délivrés gratuitement, sur papier libre, à tout réclamant. Ils porteront en tête *de leur texte l'énonciation de leur destination spéciale, et ne seront admis pour aucune autre.

14. Si la décision du maire a été réformée, le juge de paix en donnera avis au préfet et au maire dans les trois jours de la réformation.

15. A l'expiration du dernier des délais fixés par les articles 1, 6, 7, 8, 9, 10, paragraphes 1er et 14, de la présente loi, le maire opérera toutes les rectifications régulièrement ordonnées, transmettra au préfet le tableau de ces rectifications, et arrêtera définitivement la liste électorale de la commune.

Dans tous les cas, et nonobstant toute espèce de retard, les listes électorales pour toutes les communes seront censées closes et arrêtées le cinquantième jour qui suivra celui de la promulgation de la présente loi.

16. La minute de la liste électorale reste déposée au secrétariat de la commune; la copie et le tableau rectificatif transmis au préfet, conformément aux art. 5 et 15 de la présente loi, restent déposés au secrétariat général du département.

Communication en est toujours donnée aux citoyens qui la demandent.

17. Dès que les listes seront devenues définitives, le préfet enverra à l'intendant militaire un extrait contenant les noms de tous les électeurs en activité de service militaire.

L'intendant militaire adressera aux conseils d'administration, aux chefs de corps, copie officielle de la partie de cet extrait concernant les hommes sous leurs ordres.

Des extraits semblables, en ce qui concerne les hommes immatriculés sur les rôles de l'inscription maritime et retenus par le service des ports ou de la flotte, seront également envoyés par les préfets aux commissaires de marine, qui les transmettront sans délai aux chefs maritimes sous les ordres desquels ces hommes sont placés.

18. Toutefois, et pour l'élection de la prochaine Assemblée législative, dans les localités où les extraits officiels de la liste définitive n'auront pu parvenir aux conseils d'administration ou aux chefs de corps pour le jour de l'élection, les militaires et les hommes au service des ports ou de la flotte seront admis à voter sur le vu de l'extrait de la liste, telle qu'elle aura été originairement dressée par le maire, et transmise en copie au préfet, conformément aux art. 1, 2, 3, 4 et 5 de la présente loi.

A cet effet, dès la réception de cette copie, le préfet pourvoira à ce que les extraits en soient immédiatement envoyés comme il est dit dans l'article précédent.

19. Quinze jours avant l'élection, le préfet fera publier, dans le recueil des actes administratifs du département, le tableau des corps auxquels appartiennent les électeurs du département en activité de service militaire ou maritime, et l'indication des lieux où ces corps se trouvent.

Ce tableau sera, en même temps, déposé au secrétariat de la préfecture pour y être communiqué à toute réquisition.

TITRE II.—RÉVISION ANNUELLE DES LISTES ÉLECTORALES.

20. Les listes électorales sont permanentes.

Il ne peut y être fait de changement que lors de la révision annuelle; cette révision s'opère conformément aux dispositions suivantes:

21. Du 1er au 10 janvier de chaque année, le maire de chaque commune ajoute aux listes les citoyens qu'il reconnaît avoir acquis les qualités exigées par la loi, ceux qui acquerront les conditions d'âge et

d'habitation avant le 1er avril, et ceux qui auraient été précédemment omis.

Il en retranche,

1° Les individus décédés;

2° Ceux dont la radiation a été ordonnée par l'autorité compétente;

3° Ceux qui ont perdu les qualités requises;

4° Ceux qu'il reconnaît avoir été indûment inscrits, quoique leur inscription n'ait point été attaquée.

Il tient un registre de toutes ces décisions, et y mentionne les motifs et les pièces à l'appui.

22. Le tableau contenant les additions et retranchements faits par le maire à la liste électorale est déposé, au plus tard, le 15 janvier, au secrétariat de la commune.

Il est ensuite procédé, à l'égard de ce tableau, conformément aux art. 4, 5, 6, premier paragraphe, 7, 8, 9, 10, 11, 12, 13 et 14 de la présente loi.

23. Le 31 mars de chaque année, le maire opère toutes les rectifications régulièrement ordonnées, transmet au préfet le tableau de ces rectifications, et arrête définitivement la liste électorale de la commune.

Il est ensuite procédé conformément aux art. 16 et 17 de la présente loi.

La liste électorale reste, jusqu'au 31 mars de l'année suivante, telle qu'elle a été arrêtée, sauf, néanmoins, les changements qui y auraient été ordonnés par décision du juge de paix, et sauf la radiation des noms des électeurs décédés ou privés des droits civils et politiques par jugement ayant force de chose jugée.

L'élection, à quelque époque de l'année qu'elle ait lieu, se fait sur cette liste.

TITRE III.—DES COLLÉGES ÉLECTORAUX.

Chapitre Ier.

24. Les colléges électoraux s'ouvrent au jour fixé par la loi pour les élections auxquelles ils doivent procéder.

Le jour de l'ouverture du scrutin devra toujours être un dimanche ou un jour férié, sauf, toutefois, le cas prévu par le troisième paragraphe de l'art. 31 de la Constitution.

25. Les électeurs se réunissent au chef-lieu de canton.

26. Néanmoins, en raison des circonstances locales, le canton peut être divisé en circonscriptions.

27. Cette division ne peut excéder le nombre de quatre circonscriptions.

28. Le tableau des circonscriptions est arrêté par le préfet, conformément à l'avis du conseil général. Les conseils cantonaux sont préalablement consultés. Le tableau est révisé tous les trois ans.

29. Si la division opérée pour un canton excède le nombre de circonscriptions autorisé par l'article précédent, le ministre de l'intérieur, soit d'office, soit sur la réclamation d'un ou de plusieurs électeurs du département, annule la délibération du conseil général, l'arrêté du préfet qui s'en est suivi, et pourvoit, par la même décision, à une nouvelle division dans les limites légales.

30. Transitoirement, et seulement pour les élections de la prochaine

Assemblée législative, les circonscriptions resteront telles qu'elles ont été formées pour l'élection du 10 décembre dernier.

Néanmoins, à l'égard des cantons où, contrairement à la loi, la division aurait été faite en plus de quatre circonscriptions, il sera procédé, par le ministre de l'intérieur, conformément aux dispositions de l'article précédent.

31. Chaque canton ou circonscription cantonale peut être divisé, par arrêté du préfet, en autant de sections que le rend nécessaire le nombre des électeurs inscrits; mais toutes les sections doivent siéger au chef-lieu du canton, ou dans la commune désignée comme chef-lieu de la circonscription électorale.

32. Les colléges électoraux ne peuvent s'occuper que de l'élection pour laquelle ils sont réunis.

Toutes discussions, toutes délibérations leur sont interdites.

33. Le président du collége ou de la section a seul la police de l'assemblée.

Nulle force armée ne peut, sans son autorisation, être placée dans la salle des séances ni aux abords du lieu où se tient l'assemblée.

Les autorités civiles et les commandants militaires sont tenus de déférer à ses réquisitions.

34. Le bureau de chaque collége ou section est composé d'un président, de quatre assesseurs et d'un secrétaire choisi par eux parmi les électeurs.

Dans les délibérations du bureau, le secrétaire n'a que voix consultative.

35. Les colléges et sections sont présidés au chef-lieu de canton par le juge de paix et ses suppléants, et, à leur défaut, par les maires, adjoints et conseillers municipaux de la commune.

Dans les autres circonscriptions, la présidence est dévolue aux maires, adjoints et conseillers municipaux de la commune désignée comme chef-lieu de la circonscription électorale.

Si les juges de paix, suppléants, maires, adjoints et conseillers municipaux ne se trouvent pas en nombre suffisant pour présider toutes les sections, les présidents sont désignés par le maire parmi les électeurs sachant lire et écrire.

A Paris, les sections sont présidées dans chaque arrondissement par le maire, les adjoints ou des électeurs désignés par eux.

36. Les assesseurs sont pris, suivant l'ordre du tableau, parmi les conseillers municipaux sachant lire et écrire; à leur défaut, les assesseurs sont les deux plus âgés et les deux plus jeunes électeurs présents sachant lire et écrire.

A Paris, les fonctions d'assesseurs sont remplies dans chaque section par les deux plus âgés et les deux plus jeunes électeurs présents sachant lire et écrire.

37. Trois membres du bureau au moins doivent être présents pendant tout le cours des opérations du collége.

38. Le bureau prononce provisoirement sur les difficultés qui s'élèvent touchant les opérations du collége ou de la section.

Ses décisions sont motivées.

Toutes les réclamations et décisions sont insérées au procès-verbal; les pièces ou bulletins qui s'y rapportent y sont annexés, après avoir été parafés par le bureau.

39. Pendant toute la durée des opérations électorales, une copie officielle de la liste des électeurs, contenant les nom, domicile et qualifica-

tion de chacun des inscrits, reste déposée sur la table autour de laquelle siége le bureau.

40. Tout électeur inscrit sur cette liste a le droit de prendre part au vote.

41. Ce droit est suspendu,

Pour les détenus,

Pour les accusés contumax,

Et pour les personnes non interdites, mais retenues, en vertu de la loi du 30 juin 1838, dans un établissement public d'aliénés.

42. Nul ne peut être admis au vote s'il n'est inscrit sur la liste.

43. Toutefois, seront admis au vote, quoique non inscrits, les citoyens porteurs d'une décision du juge de paix ordonnant leur inscription, ou d'un arrêt de la Cour de cassation annulant un jugement qui aurait prononcé une radiation.

44. Lors de l'élection, soit du Président de la République, soit des membres de l'Assemblée nationale, les représentants du peuple seront également admis au vote, s'ils le requièrent, dans la circonscription électorale du lieu où siége l'Assemblée.

45. Nul électeur ne peut entrer dans le collége électoral s'il est porteur d'armes quelconques.

46. Les électeurs sont appelés successivement par ordre de communes.

47. Ils apportent leurs bulletins préparés en dehors de l'assemblée.

Le papier du bulletin doit être blanc et sans signes extérieurs.

48. A l'appel de son nom, l'électeur remet au président son bulletin fermé.

Le président le dépose dans la boîte du scrutin, laquelle doit, avant le commencement du vote, avoir été fermée à deux serrures dont les clefs restent, l'une entre les mains du président, l'autre entre celles du scrutateur le plus âgé.

49. Le vote de chaque électeur est constaté par la signature ou le parafe de l'un des membres du bureau, apposé sur la liste, en marge du nom du votant.

50. L'appel par commune étant terminé, il est procédé au réappel de tous ceux qui n'ont pas voté.

51. Le scrutin reste ouvert pendant deux jours : le premier jour depuis huit heures du matin jusqu'à six heures du soir, et le second jour depuis huit heures du matin jusqu'à quatre heures du soir.

52. Les boîtes de scrutin sont scellées et déposées pendant la nuit au secrétariat ou dans la salle de la mairie, et elles sont gardées par un poste de la garde nationale.

Les scellés sont également apposés sur les ouvertures de la salle où ces boîtes ont été déposées.

53. Après la clôture du scrutin, il est procédé au dépouillement de la manière suivante :

La boîte du scrutin est ouverte, et le nombre des bulletins vérifié.

Si ce nombre est plus grand ou moindre que celui des votants, il en est fait mention au procès-verbal.

Le bureau désigne parmi les électeurs présents un certain nombre de scrutateurs sachant lire et écrire, lesquels se divisent par tables de quatre au moins.

Le président répartit entre les diverses tables les bulletins à vérifier.

A chaque table, l'un des scrutateurs lit chaque bulletin à haute voix, et le passe à un autre scrutateur ; les noms portés sur les bulletins sont relevés sur des listes préparées à cet effet.

54. Le président et les membres du bureau surveillent l'opération du dépouillement.

Néanmoins, dans les colléges ou sections où il se sera présenté moins de trois cents votants, le bureau pourra procéder lui-même, et sans l'intervention des scrutateurs supplémentaires, au dépouillement du scrutin.

55. Les tables sur lesquelles s'opère le dépouillement du scrutin sont disposées de telle sorte que les électeurs puissent circuler alentour.

56. Sont valables les bulletins contenant plus ou moins de noms qu'il n'y a de citoyens à élire.

Les derniers noms inscrits au delà de ce nombre ne sont pas comptés.

57. Les bulletins blancs,

Ceux ne contenant pas une désignation suffisante,

Ou contenant une désignation ou qualification inconstitutionnelle,

Ou dans lesquels les votants se font connaître, n'entrent point en compte dans le résultat du dépouillement, mais ils sont annexés au procès-verbal.

58. Immédiatement après le dépouillement, le résultat du scrutin est rendu public, et les bulletins autres que ceux qui, conformément aux articles 38 et 57, doivent être annexés au procès-verbal, sont brûlés en présence des électeurs.

59. Pour les colléges divisés en plusieurs sections, le dépouillement du scrutin se fait dans chaque section. Le résultat est immédiatement arrêté et signé par le bureau; il est ensuite porté par le président au bureau de la première section, qui, en présence des présidents des autres sections, opère le recensement général des votes, et en proclame le résultat.

60. Dans les cantons divisés en plusieurs circonscriptions, le résultat du recensement dans chaque circonscription est porté au bureau de la circonscription du chef-lieu, et le recensement cantonal est fait par ce bureau en présence des présidents des autres bureaux.

61. Les procès-verbaux des opérations électorales de chaque canton sont rédigés en double.

L'un de ces doubles reste déposé au greffe de la justice de paix; l'autre double est porté au chef-lieu du département par le président du bureau ou par l'un des membres que le bureau délègue à cet effet.

Le bureau pourra, au besoin, décider que ce double sera envoyé par la poste ou par un courrier spécial.

Le recensement général des votes se fait au chef-lieu du département, en séance publique, et en présence des délégués des bureaux des assemblées cantonales, sous la présidence du juge de paix ou du doyen des juges de paix du chef-lieu.

A Paris, ce recensement a lieu sous la présidence du doyen des maires.

62. Les militaires présents sous le drapeau sont, dans chaque localité, répartis en sections électorales par département.

Chaque section est présidée par l'officier ou sous-officier le plus élevé en grade, ou, à défaut, par le soldat le plus ancien, assisté de quatre scrutateurs.

Ces quatre scrutateurs sont les deux plus âgés et les deux plus jeunes électeurs présents sachant lire et écrire.

Il est procédé de la même manière pour les marins et ouvriers portés sur les rôles de l'inscription maritime et retenus par leur service hors du lieu de leur résidence habituelle.

Le résultat est, pour chaque département, envoyé au préfet par le président de la section.

Le résultat transmis par le préfet au président du bureau électoral du chef-lieu est compris dans le recensement général des votes du département.

Néanmoins, l'exercice du droit électoral est suspendu pour les armées en campagne et pour les marins de la flotte se trouvant en cours de navigation.

63. Le recensement général des votes étant terminé, le président en fait connaître le résultat. S'il s'agit d'élections à l'Assemblée nationale, le président proclame représentants du peuple, dans la limite du nombre attribué au département par la loi, les candidats qui ont obtenu le plus de voix, selon l'ordre de la majorité relative.

64. Néanmoins, nul n'est élu ni proclamé au premier tour de scrutin, s'il n'a réuni un nombre de voix égal au huitième de celui des électeurs inscrits sur la totalité des listes électorales du département.

65. Dans le cas où le nombre des candidats réunissant au moins ce chiffre de voix est resté inférieur au nombre de représentants attribué au département par la loi, l'élection est continuée au deuxième dimanche qui suit le jour de la proclamation du résultat du premier scrutin, et alors elle a lieu à la majorité relative, quel que soit le nombre des suffrages obtenus.

66. Dans tous les cas où il y a concours par égalité de suffrages, le plus âgé obtient la préférence.

67. Aussitôt après la proclamation du résultat des opérations électorales, les procès-verbaux et les pièces y annexées sont transmis, par les soins des préfets, au président de l'Assemblée nationale.

68. Les opérations électorales sont vérifiées par l'Assemblée nationale; elle est seule juge de leur validité.

69. Pour l'élection du Président de la République, les militaires en activité de service votent avec les autres électeurs au lieu où ils se trouvent au jour de l'élection.

70. Dans les villes divisées en plusieurs sections, ils sont répartis entre les diverses sections par un arrêté spécial du maire.

71. Leurs bulletins sont confondus dans la même urne avec ceux des autres citoyens.

72. Au cas où des circonstances particulières rendent impossible le vote en commun avec les autres électeurs, les opérations électorales ont lieu sous la présidence de l'officier le plus élevé en grade, assisté de quatre scrutateurs choisis comme il est dit en l'article 62.

73. Le scrutin est dépouillé séance tenante, et le procès-verbal, signé par les membres du bureau, est envoyé directement au président de l'Assemblée nationale.

74. Les électeurs momentanément retenus par leurs affaires ou leur travail dans une commune autre que celle sur la liste de laquelle ils sont inscrits sont également, pour l'élection du Président de la République, admis à voter dans le lieu de leur présence actuelle, s'ils produisent la preuve de leur inscription régulière sur la liste de leur commune.

Pour jouir de cette faculté, ils doivent, dans les trois jours qui précèdent celui de l'élection, déposer les pièces justificatives de leur droit au secrétariat de la mairie; il leur est donné en échange une carte indiquant le collège ou la section dans lesquels ils seront admis à voter.

CHAPITRE II.—DISPOSITIONS SPÉCIALES POUR L'ALGÉRIE ET LES COLONIES.

75. Les élections pour la Présidence de la République et pour l'Assemblée nationale auront lieu :

En Algérie, quinze jours,
Aux Antilles, quarante-cinq jours,   avant celui fixé pour
Au Sénégal et à La Guyane, quatre-vingt jours,   les mêmes élections en
A l'île de La Réunion, cent vingt jours,   France.

76. Néanmoins, pour l'élection de la prochaine Assemblée législative, les délais et formalités, en ce qui touche les colonies, seront réglés ainsi qu'il suit :

Aussitôt après la publication de la présente loi dans chaque colonie, il sera procédé à la formation des listes électorales.

Les élections auront lieu, dans chaque colonie, le premier dimanche qui suivra la clôture desdites listes.

77. Les subdivisions électorales en sections par communes, quartiers ou sous-arrondissements, seront, dans chaque colonie, déterminées par l'autorité administrative.

78. Les fonctionnaires désignés par la présente loi seront, au besoin, remplacés par ceux dont les fonctions sont analogues; une instruction ministérielle y pourvoira conformément aux nécessités locales.

TITRE IV. — DES ÉLIGIBLES.

79. Ne peuvent être élus représentants du peuple :

1° Les individus privés de leurs droits civils et politiques par suite de condamnation, soit à des peines afflictives et infamantes, soit à des peines infamantes seulement;

2° Ceux auxquels les tribunaux, jugeant correctionnellement, ont interdit le droit de vote, d'élection ou d'éligibilité, par application des lois qui autorisent cette interdiction;

3° Les condamnés pour crime à l'emprisonnement, par application de l'art. 463 du Code pénal;

4° Les condamnés pour vol, escroquerie, abus de confiance, soustraction commise par des dépositaires de deniers publics, ou attentat aux mœurs prévu par l'art. 334 du Code pénal;

5° Ceux qui ont été condamnés par application des art. 318 et 423 du Code pénal;

6° Ceux qui ont été condamnés pour délit d'usure;

7° Ceux qui ont été condamnés pour adultère;

8° Les accusés contumax;

9° Les interdits et les citoyens pourvus d'un conseil judiciaire;

10° Les faillis non réhabilités dont la faillite a été déclarée, soit par les tribunaux français, soit par jugement rendu à l'étranger, mais exécutoire en France.

Toutefois, le paragraphe troisième du présent article n'est applicable ni aux condamnés en matière politique, ni aux condamnés pour coups et blessures, si l'interdiction du droit de vote, d'élection ou d'éligibilité n'a pas été, dans le cas où la loi l'autorise, prononcée par l'arrêt de condamnation.

80. Sera déchu de la qualité de représentant du peuple tout membre de l'Assemblée nationale qui, pendant la durée de son mandat législatif, aura été frappé d'une condamnation emportant, aux termes de l'article précédent, l'incapacité d'être élu. La déchéance sera prononcée par l'Assemblée nationale, sur le vu des pièces justificatives.

81. Ne peuvent être élus représentants du peuple :

1° Les individus chargés d'une fourniture pour le Gouvernement ou d'une entreprise de travaux publics;

2° Les directeurs et administrateurs de chemins de fer.

9

Tout représentant du peuple qui, pendant le cours de son mandat, aura entrepris une fourniture pour le Gouvernement, ou accepté une place, soit de directeur, soit d'administrateur de chemin de fer, ou qui aura pris un intérêt dans une entreprise soumise au vote de l'Assemblée nationale, sera réputé démissionnaire, et déclaré tel par l'Assemblée nationale.

Tout marché passé par le Gouvernement avec un membre de la législature dans les six mois qui la suivent est nul.

Les dispositions précédentes ne s'appliquent pas, pour l'élection de la prochaine législature, aux individus ayant passé des marchés avec le Gouvernement antérieurement à la promulgation de la présente loi.

82. Ne peuvent être élus par les départements compris en tout ou en parties dans leur ressort,

Les premiers présidents, les présidents et les membres des parquets des Cours d'appel;

Les présidents, les vice-présidents, les juges d'instruction et les membres des parquets des tribunaux de première instance;

Le commandant supérieur des gardes nationales de la Seine;

Le préfet de police, les préfets, sous-préfets, secrétaires généraux et conseillers de préfecture;

Les ingénieurs en chef et d'arrondissement;

Les recteurs et inspecteurs d'académie;

Les inspecteurs des écoles primaires;

Les archevêques, évêques et vicaires généraux;

Les officiers généraux commandant les divisions et les subdivisions militaires;

Les intendants divisionnaires et les sous-intendants militaires;

Les préfets maritimes;

Les receveurs généraux et les receveurs particuliers des finances;

Les directeurs des contributions directes et indirectes, des domaines et de l'enregistrement, et des douanes;

Les conservateurs et inspecteurs des forêts;

Cette prohibition s'applique, pour les colonies, aux gouverneurs et à tous les citoyens y remplissant une fonction correspondante à l'une de celles énumérées au présent article.

83. La prohibition continuera de subsister pendant les six mois qui suivront la cessation de la fonction par démission, destitution, changement de résidence ou de toute autre manière.

Toutefois, cette disposition ne s'appliquera pas aux fonctionnaires dont les fonctions auront cessé, soit avant la promulgation de la présente loi, soit dans les dix jours qui la suivront.

84. Tout fonctionnaire rétribué élu représentant du peuple, et non compris dans les exceptions admises par les articles 85 et 86 de la présente loi, sera réputé démissionnaire de ses fonctions, par le seul fait de son admission comme membre de l'Assemblée législative, s'il n'a pas opté, avant la vérification de ses pouvoirs, entre sa fonction et le mandat législatif.

85. Sont, en vertu de l'article 28 de la Constitution, exceptés de l'incompatibilité prononcée par cet article entre toute fonction publique rétribuée et le mandat de représentant du peuple,

Les ministres;

Le commandant supérieur des gardes nationales de la Seine;

Le procureur général à la Cour de cassation;

Le procureur général à la Cour d'appel de Paris;

Le préfet de la Seine;

Les citoyens chargés temporairement d'un commandement ou d'une mission extraordinaire, soit à l'intérieur, soit à l'extérieur.

Toute mission qui aura duré six mois cessera d'être réputée temporaire.

86. Sont également exceptés,

Les professeurs dont les chaires sont données au concours ou sur présentation faite par leurs collègues, quand ils exercent leurs fonctions dans le lieu où siége l'Assemblée nationale;

Les fonctionnaires appartenant à un corps ou à une administration dans lesquels la distinction entre l'emploi et le grade est établie par une loi.

87. Les fonctionnaires désignés dans le dernier paragraphe de l'article précédent seront, par le seul fait de leur admission à l'Assemblée législative, réputés avoir renoncé à leur situation d'activité.

En conséquence, à dater du jour de leur admission, et pendant la durée de leur mandat, les officiers de tout grade et de toutes armes nommés représentants du peuple seront considérés comme étant en mission hors cadre; les sous-officiers et soldats, comme étant en congé temporaire.

Les ingénieurs des ponts et chaussées et des mines seront réputés démissionnaires de leur emploi, et ne conserveront, pour être remis en activité, quand l'incompatibilité aura cessé, que l'aptitude constatée par leur grade au moment de leur admission dans l'Assemblée législative.

88. Les fonctions publiques rétribuées, commandements ou missions auxquels, par exception à l'article 28 de la Constitution, les membres de l'Assemblée nationale peuvent être appelés pendant la durée de la législature, par le choix du Pouvoir exécutif, sont ceux énumérés en l'article 85.

89. La prohibition exprimée par le deuxième paragraphe de l'article 28 de la Constitution comprend toute la durée de la législature, et six mois au delà.

TITRE V.—DISPOSITIONS GÉNÉRALES.

90. Chaque département élit au scrutin de liste le nombre de représentants qui lui est attribué par le tableau annexé à la présente loi. Ce tableau sera révisé dans les trois premiers mois de l'année 1852, et ensuite tous les cinq ans.

91. Le représentant élu dans plusieurs départements doit faire connaître son option au président de l'Assemblée nationale, dans les dix jours qui suivent la déclaration de la validité de ces élections. A défaut d'option dans ce délai, la question est décidée par la voie du sort et en séance publique.

92. En cas de vacance par option, décès, démission ou autrement, le collége électoral qui doit pourvoir à la vacance est réuni dans le délai de quarante jours.

93. Ce délai est de deux mois pour la Corse et l'Algérie ;
De trois mois pour les Antilles et La Guyane;
De quatre mois pour le Sénégal ;
De cinq mois pour l'île de La Réunion.

94. L'intervalle entre la promulgation de l'arrêté de convocation du collége et l'ouverture du collége est de vingt jours au moins.

95. L'Assemblée nationale a seule le droit de recevoir la démission d'un de ses membres.

96. L'indemnité prescrite par l'art. 38 de la Constitution est fixée à

neuf mille francs par an. Elle est incompatible avec tous traitements d'activité, de non-activité ou de disponibilité. Ces traitements restent suspendus pendant la durée de la législature : toutefois, les représentants du peuple investis des fonctions énumérées dans l'art. 85 touchent le traitement afférent à leur fonction, sans pouvoir cumuler avec ce traitement l'indemnité législative.

Les représentants envoyés des colonies reçoivent, en outre, l'indemnité de passage pour l'aller et le retour.

97. A partir de la réunion de la prochaine Assemblée législative, les dispositions de l'art. 5 du décret du 10 juillet 1848 cesseront d'avoir leur effet.

L'indemnité fixée pour les représentants pourra être saisie, même en totalité.

TITRE VI.—DISPOSITIONS PÉNALES.

98. Toute personne qui se sera fait inscrire sur la liste électorale sous de faux noms ou de fausses qualités, ou aura, en se faisant inscrire, dissimulé une incapacité prévue par la loi, ou aura réclamé et obtenu son inscription sur deux ou plusieurs listes, sera punie d'un emprisonnement d'un mois à un an, et d'une amende de cent francs à mille francs.

99. Celui qui, déchu du droit de voter, soit par suite d'une condamnation judiciaire, soit par suite d'une faillite non suivie de concordat, d'excuse déclarée par jugement ou de réhabilitation, aura voté, soit en vertu d'une inscription sur les listes antérieures à sa déchéance, soit en vertu d'une inscription postérieure, mais opérée sans sa participation, sera puni d'un emprisonnement de quinze jours à trois mois, et d'une amende de cinquante francs à cinq cents francs.

100. Quiconque aura voté dans une assemblée électorale, soit en vertu d'une inscription obtenue dans les deux premiers cas prévus par l'art. 98, soit en prenant faussement les noms et qualités d'un électeur inscrit, sera puni d'un emprisonnement de six mois à deux ans, et d'une amende de deux cents francs à deux mille francs.

101. Sera puni de la même peine tout citoyen qui aura profité d'une inscription multiple pour voter plus d'une fois.

102. Quiconque, étant chargé dans un scrutin de recevoir, compter ou dépouiller les bulletins contenant les suffrages des citoyens, aura soustrait, ajouté ou altéré des bulletins, ou lu des noms autres que ceux inscrits, sera puni d'ue emprisonnement d'un an à cinq ans, et d'une amende de cinq cents francs à cinq mille francs.

103. La même peine sera appliquée à tout individu qui, chargé par un électeur d'écrire son suffrage, aura inscrit sur le bulletin des noms autres que ceux qui lui étaient désignés.

104. L'entrée dans l'assemblée électorale avec armes apparentes sera punie d'une amende de seize francs à cent francs.

La peine sera d'un emprisonnement de quinze jours à trois mois et d'une amende de cinquante francs à trois cents francs, si les armes étaient cachées.

105. Quiconque aura donné, promis ou reçu des deniers, effets ou valeurs quelconques, sous la condition, soit de donner ou de procurer un suffrage, soit de s'abstenir de voter, sera puni d'un emprisonnement de trois mois à deux ans, et d'une amende de cinq cents francs à cinq mille francs.

Seront punis des mêmes peines ceux qui, sous les mêmes conditions, auront fait ou accepté l'offre ou la promesse d'emploi, publics ou privés, ou de tout autre avantage, soit individuel, soit collectif.

Si le coupable est fonctionnaire public, la peine sera du double.

106. Ceux qui, soit par voies de fait, violences ou menaces contre un électeur, soit en lui faisant craindre de perdre son emploi, ou d'exposer à un dommage sa personne, sa famille ou sa fortune, l'auront déterminé ou auront tenté de le déterminer à s'abstenir de voter, ou auront, soit influencé, soit tenté d'influencer son vote, seront punis d'un emprisonnement d'un mois à un an, et d'une amende de cent francs à deux mille francs.

La peine sera du double si le coupable est fonctionnaire public.

107. Ceux qui, à l'aide de fausses nouvelles, bruits calomnieux, ou autres manœuvres frauduleuses, auront surpris ou détourné, tenté de surprendre ou de détourner des suffrages, déterminé ou tenté de déterminer un ou plusieurs électeurs à s'abstenir de voter, seront punis d'un emprisonnement d'un mois à un an, et d'une amende de cent francs à deux mille francs.

108. Lorsque, par attroupements, clameurs ou démonstrations menaçantes, on aura troublé les opérations d'un collège électoral, porté ou tenté de porter atteinte à l'exercice du droit électoral, ou à la liberté du vote, les coupables seront punis d'un emprisonnement de trois mois à deux ans, et d'une amende de cent francs à deux mille francs.

109. Toute irruption dans un collège électoral consommée ou tentée avec violence, en vue d'interdire ou d'empêcher un choix, sera punie d'un emprisonnement d'un an à cinq ans, et d'une amende de mille francs à cinq mille francs.

110. Si les coupables étaient porteurs d'armes, ou si le scrutin a été violé, la peine sera la réclusion.

111. Elle sera des travaux forcés à temps si le crime a été commis par suite d'un plan concerté pour être exécuté, soit dans toute la République, soit dans un ou plusieurs départements, soit dans un ou plusieurs arrondissements.

112. Les membres d'un collège électoral qui, pendant la réunion, se seront rendus coupables d'outrages ou de violence, soit envers le bureau, soit envers l'un de ses membres, ou qui, par voies de fait ou menaces, auront retardé ou empêché les opérations électorales, seront punis d'un emprisonnement d'un mois à un an, et d'une amende de cent francs à deux mille francs.

Si le scrutin a été violé, l'emprisonnement sera d'un an à cinq ans, et l'amende de mille francs à cinq mille francs.

113. L'enlèvement de l'urne contenant les suffrages émis et non encore dépouillés sera puni d'un emprisonnement d'un an à cinq ans, et d'une amende de mille francs à cinq mille francs.

Si cet enlèvement a été effectué en réunion et avec violence, la peine sera la réclusion.

114. La violation du scrutin faite, soit par les membres du bureau, soit par les agents de l'autorité préposés à la garde des bulletins non encore dépouillés, sera punie de la réclusion.

115. Sera puni d'une amende de vingt-cinq francs à trois cents francs tout président de collège ou de section qui aura fermé le scrutin avant l'heure fixée par l'art. 51 de la présente loi.

Dans ce cas, les art. 116 et 117, premier paragraphe, ne seront pas appliqués.

116. Les condamnations encourues en vertu des articles précédents emporteront l'interdiction du droit d'élire ou d'être élu.

Cette interdiction sera prononcée par le même arrêt pour un an au moins et cinq ans au plus.

117. Les crimes et délits prévus par la présente loi seront jugés par la Cour d'assises.

L'article 463 du Code pénal leur est applicable.

Lorsque, en matière de délits, le jury aura reconnu l'existence des circonstances atténuantes, la peine prononcée par la Cour ne s'élèvera jamais au-dessus du minimum déterminé par la présente loi.

Dans le même cas, la Cour pourra ne pas prononcer l'interdiction du droit d'élire ou d'être élu.

118. En cas de conviction de plusieurs crimes ou délits prévus par la présente loi et commis antérieurement au premier acte de poursuite, la peine la plus forte sera seule appliquée.

119. Si le crime ou délit est imputé à un agent du Gouvernement, la poursuite aura lieu sans qu'il soit besoin d'une autorisation préalable.

120. Si le fonctionnaire inculpé est renvoyé de la plainte, la partie civile pourra, selon les circonstances, être condamnée à une amende de cent francs à cinq mille francs, et aux dommages-intérêts.

Le jury statuera sur le point de savoir s'il y a lieu à amende ; il prononcera de plus, mais à la simple majorité, sur le chiffre des dommages-intérêts, dans tous les cas où il en aura été demandé, soit par la partie civile, soit par l'accusé.

121. L'action publique et l'action civile seront prescrites après trois mois, à partir du jour de la proclamation du résultat de l'élection.

122. La condamnation, s'il en est prononcé, ne pourra, en aucun cas, avoir pour effet d'annuler l'élection déclarée valide par les pouvoirs compétents, ou devenue définitive par l'absence de toute protestation régulière formée dans les délais voulus par les lois spéciales.

123. Les électeurs du collége qui aura procédé à l'élection à l'occasion de laquelle les crimes ou délits auront été commis, auront seuls qualité pour porter plainte : toutefois, leur défaut d'action ne portera aucun préjudice à l'action publique.

124. Les lois antérieures sont abrogées en ce qu'elles ont de contraire aux dispositions de la présente loi.

§ 2. Loi électorale du 31 mai 1850, modificative de la loi électorale du 15 mars 1850.

ART. 1er. Dans les trente jours qui suivront la promulgation de la présente loi, la liste électorale sera dressée par le maire, assisté de deux délégués désignés pour chaque commune par le juge de paix et domiciliés dans le canton.

Les délégués auront le droit de consigner leurs observations sur le procès-verbal ; ce procès-verbal sera déposé par le maire, avec la liste électorale, au secrétariat de la mairie, pour être communiqué à tout requérant.

2. La liste comprendra, par ordre alphabétique,

1° Tous les Français âgés de vingt et un ans accomplis, jouissant de leurs droits civils et politiques, actuellement domiciliés dans la commune, et qui ont leur domicile dans la commune ou dans le canton depuis trois ans au moins ;

2° Ceux qui, n'ayant pas atteint, lors de la formation de la liste, les conditions d'âge et de domicile, les acquerront avant la clôture définitive.

3. Le domicile électoral sera constaté,

1° Par l'inscription au rôle de la taxe personnelle, ou par l'inscription personnelle au rôle de la prestation en nature pour les chemins vicinaux;

2° Par la déclaration des pères ou mères, beaux-pères ou belles-mères ou autres ascendants domiciliés depuis trois ans, en ce qui concerne les fils, gendres, petits-fils et autres descendants majeurs vivant dans la maison paternelle, et qui, par application de l'article 12 de la loi du 21 avril 1832, n'ont pas été portés au rôle de la contribution personnelle ;

3° Par la déclaration des maîtres ou patrons, en ce qui concerne les majeurs qui servent ou travaillent habituellement chez eux, lorsque ceux-ci demeurent dans la même maison que leurs maîtres ou patrons, ou dans les bâtiments d'exploitation.

4. Les déclarations des pères, mères, beaux-pères, belles-mères ou autres ascendants, maîtres ou patrons, seront faites par écrit sur des formules délivrées gratis. Ces déclarations seront remises chaque année au maire, du 1er au 31 décembre.

Les pères, mères, beaux-pères, belles-mères ou autres ascendants, maîtres ou patrons, qui ne pourront pas faire leurs déclarations par écrit, devront se présenter, assistés de deux témoins domiciliés dans la commune, devant le maire, pour faire leurs déclarations.

Toute fausse déclaration sera punie correctionnellement d'une amende de cent francs à deux mille francs, d'un emprisonnement de six mois au moins et de deux ans au plus, et de l'interdiction du droit de voter ou d'être élu pendant cinq ans au moins et dix ans au plus.

Les tribunaux pourront, s'il existe des circonstances atténuantes, faire application de l'article 463 du Code pénal.

En cas d'empêchement des pères, mères ou autres ascendants, et en cas de refus ou d'empêchement du maître ou patron de faire ou délivrer la déclaration qui doit être remise chaque année à la mairie, le fait du domicile chez les pères, mères ou autres ascendants, ou chez le maître ou patron, sera constaté par le juge de paix.

5. Les fonctionnaires publics seront inscrits sur la liste électorale de la commune dans laquelle ils exerceront leurs fonctions, quelle que soit la durée de leur domicile dans cette commune.

La même disposition s'applique aux ministres en exercice des cultes reconnus par l'État.

Les membres de l'Assemblée nationale pourront requérir leur inscription sur la liste électorale du lieu où siége l'Assemblée.

Ceux qui n'auront pas requis cette inscription ne pourront voter qu'au lieu de leur domicile.

6. Les militaires présents sous les drapeaux dans les armées de terre ou de mer seront inscrits sur la liste électorale de la commune où ils auront satisfait à l'appel.

7. Quiconque quittera la commune sur la liste électorale de laquelle il est inscrit continuera à être porté sur cette liste pendant trois ans, à charge de justifier, dans les formes et sous les conditions prescrites par les articles 3, 4 et 5 de la présente loi, de son domicile dans la commune où il aura fixé sa nouvelle résidence.

8. Ne seront pas inscrits sur la liste électorale, et ne pourront être élus,

1° Les individus désignés aux paragraphes 1, 2, 3, 5, 6 et 7 de l'art. 3 de la loi du 15 mars 1849;

2° Les faillis non réhabilités dont la faillite a été déclarée, soit par les tribunaux français, soit par jugements rendus à l'étranger, mais exécutoires en France ;

" 3° Les individus désignés au paragraphe 4 de l'article 3 de la loi du 15 mars 1849, quelle que soit la durée de l'emprisonnement auquel ils ont été condamnés ;

" 4° Les individus condamnés à l'emprisonnement en vertu de l'article 330 du Code pénal ;

" 5° Les individus qui, par application de l'article 8 de la loi du 17 mai 1819 et de l'article 3 du décret du 11 août 1848, auront été condamnés pour outrage à la morale publique et religieuse ou aux bonnes mœurs, et pour attaque contre le principe de la propriété et les droits de la famille ;

· 6° Les individus condamnés à plus de trois mois d'emprisonnement, en vertu des articles 98, 100, 101, 102, 103, 105, 106, 107, 108, 109, 112 et 113 de la loi du 15 mars 1849 ;

7° Les notaires, greffiers et officiers ministériels destitués en vertu de jugements ou de décisions judiciaires ;

8° Les condamnés pour vagabondage ou mendicité ;

9° Ceux qui auront été condamnés à trois mois de prison au moins, par application des articles 439, 443, 444, 445, 446, 447 et 452 du Code pénal ;

10° Ceux qui auront été déclarés coupables des délits prévus par les articles 410 et 411 du Code pénal, et par la loi du 21 mai 1836 portant prohibition des loteries ;

11° Les militaires condamnés au boulet ou aux travaux publics ;

12° Les individus condamnés à l'emprisonnement par application des articles 38, 41, 43 et 45 de la loi du 21 mars 1832 sur le recrutement de l'armée.

9. Les condamnés à plus d'un mois d'emprisonnement pour rébellion, outrages et violences envers les dépositaires de l'autorité ou de la force publique, pour outrages publics envers un juré en raison de ses fonctions, ou envers un témoin à raison de ses dépositions, pour délits prévus par la loi sur les attroupements et la loi sur les clubs, et pour infractions à la loi sur le colportage, ainsi que les militaires envoyés par punition dans les compagnies de discipline, ne pourront pas être inscrits sur la liste électorale, pendant cinq ans, à dater de l'expiration de leur peine.

10. Les fusiliers des compagnies de discipline rentreront en jouissance du droit électoral à l'expiration de leur punition.

11. Seront rayés de la liste électorale, à la requête du ministère public, pour un laps de temps qui ne pourra être moindre de cinq ans, ni excéder dix ans, et dont la durée sera fixée par le tribunal, les individus qui auront encouru une condamnation pour les délits prévus par les articles 338 et 339 du Code pénal.

12. Les militaires et marins présents sous les drapeaux continueront d'être répartis dans chaque localité en sections électorales par département.

Leurs bulletins seront recueillis et envoyés au chef-lieu du département dans un paquet cacheté et confondus, dans les diverses sections électorales du chef-lieu, avec les bulletins des autres électeurs.

13. Nul n'est élu ni proclamé représentant au premier tour de scrutin s'il n'a réuni un nombre de voix égal au quart des électeurs inscrits sur la totalité des listes électorales du département.

14. En cas de vacances par option, démission, décès ou autrement, le

collége électoral qui doit pourvoir à la vacance est réuni dans le délai de six mois, à partir de la notification qui doit être faite par le président de l'Assemblée nationale au ministre de l'intérieur.

15. Dans les villes où le contingent personnel et mobilier est payé en totalité ou en partie par la caisse municipale, l'état des imposables à la taxe personnelle, dressé par les commissaires répartiteurs, assistés du contrôleur des contributions directes, et qui sert à déterminer le contingent de la commune, sera soumis, chaque année, au conseil municipal.

L'inscription sur l'état des imposables équivaudra à l'inscription au rôle de la taxe personnelle.

DISPOSITIONS TRANSITOIRES.

16. Pour la confection des listes électorales dressées en exécution de la présente loi pour l'année 1850, toutes les règles prescrites par la loi du 15 mars 1849, en ce qui concerne les délais et les réclamations, seront observées, et les listes seront closes trois mois après la promulgation de la loi.

Les déclarations prévues par l'article 3 seront faites dans les trente jours de la promulgation.

Tout individu qui n'aura pas trois ans de domicile dans la commune où il résidera lors de la confection des listes sera inscrit sur la liste électorale de la commune qu'il habitait antérieurement, s'il y justifie de trois années de domicile, conformément à l'art. 3, sans préjudice de ce qui est dit au deuxième paragraphe de l'article 2 de la présente loi.

La révision annuelle des listes pour les autres années sera faite aux époques et d'après les règles déterminées au titre II de la loi du 15 mars 1849.

17. Continueront à être exécutées pour les élections de l'Algérie et des colonies, les dispositions de la loi du 15 mars 1849, jusqu'à la promulgation des lois organiques prévues par l'article 109 de la Constitution.

§ 3. Circulaire du ministre de l'intérieur, du 5 juin 1850.

Monsieur le préfet, l'Assemblée nationale a adopté, dans sa séance du 31 mai dernier, la loi proposée par le Gouvernement, et qui a pour objet d'apporter des modifications à celle du 15 mars 1849, sur les élections.

La loi est exécutoire à dater de sa promulgation, conformément aux règles prescrites par l'art. 1er du Code civil et par l'ordonnance du 27 novembre 1816.

C'est d'après ces règles que seront calculés, pour votre département, les délais assignés par les dispositions de la nouvelle loi à la confection et à la clôture des listes, et à la réception des déclarations.

Les conditions d'âge et de possession de domicile (art. 2, paragraphe 2) pourront être accomplies jusqu'au dernier jour des trois mois après lesquels doit avoir lieu la clôture définitive des listes.

Vous ne perdrez pas de vue que les listes électorales devront être refaites à nouveau et qu'il ne s'agit pas seulement de la révision de celles qui ont été dressées du 1er janvier au 31 mars dernier; celles-ci ne pourront servir que comme documents bons à consulter.

La présente instruction a pour objet de vous guider dans l'exécution de la loi nouvelle et de préparer la solution des principales difficultés que peuvent rencontrer, dans le travail qui leur est de nouveau confié, les maires des communes de votre département.

J'aurai à vous entretenir des conditions de domicile exigées de l'électeur, des deux modes principaux de constatation de ce domicile, des déclarations qui peuvent y suppléer dans certains cas et à l'égard de certaines personnes.

Mais une observation préliminaire me paraît indispensable.

Quand le domicile est constaté par l'inscription depuis trois années au rôle de la contribution personnelle ou à celui de la prestation en nature pour les chemins vicinaux, le maire doit inscrire d'office, car il a dans les mains les éléments de constatation qui n'exigent aucune preuve accessoire.

Mais lorsque le domicile doit être établi par des déclarations de parents, maîtres ou patrons, auxquels la loi donne qualité pour cet objet, l'inscription sur la liste doit demeurer subordonnée à la production de cette justification nécessaire, et ne peut pas la prévenir.

La loi accorde trente jours pour le dépôt de cette déclaration.

Il importe donc de rappeler que, le maire n'ayant lui-même que trente jours pour la confection de la liste, beaucoup d'inscriptions pourraient être ajournées, si les déclarations n'étaient produites que le dernier jour du délai.

MM. les juges de paix auront à déléguer, pour assister le maire de chaque commune, deux citoyens domiciliés dans le canton.

Ils pourront charger le même citoyen de remplir cette mission dans plusieurs communes, lorsque la population de ces communes sera peu considérable, et que le travail de la révision présentera, par conséquent, peu de difficulté.

La loi nouvelle apporte une grave modification au système de la législation de 1848 et 1849, qui déterminait le lieu de l'inscription d'après le fait de la résidence. Elle emploie le mot *domicile*, et les règles que contiennent les art. 2 et 3 indiquent assez qu'il s'agit du *domicile réel*, ainsi que l'entendaient les lois antérieures, c'est-à-dire du lieu où l'électeur a non-seulement son habitation, mais son principal établissement.

Il n'y a d'exception que pour les militaires qui, étant sous les drapeaux et n'ayant pas de demeure fixe, sont considérés comme ayant, sans condition de durée, leur domicile dans la commune où ils ont satisfait à l'appel.

Le domicile exigé doit avoir été possédé pendant trois ans (art. 2), et cette possession n'est pas limitée à la commune habitée actuellement. Il y a lieu d'ajouter, au temps pendant lequel un citoyen a été domicilié dans la commune à laquelle il appartient actuellement, le temps où, auparavant, et sans qu'il y ait eu interruption, il était domicilié dans une autre commune du même canton.

L'art. 3 détermine les conditions qui doivent servir de règle pour constater les trois ans de domicile.

En principe, la preuve résulte de l'inscription au rôle de la contribution personnelle et de l'inscription personnelle au rôle de la prestation en nature pour les chemins vicinaux.

MM. les maires possèdent les éléments de la première de ces constatations dans la matrice cadastrale, qui embrasse une période de quatre années.

Pour la seconde, ils devront s'adresser aux receveurs municipaux auxquels vous aurez soin de donner, à cet effet, les instructions nécessaires.

Les fils majeurs demeurant chez leurs père et mère, beau-père, belle-mère ou autres ascendants, et ne payant pas l'impôt personnel en vertu de l'art. 12 de la loi du 21 avril 1832, seront inscrits sur une déclaration de cet ascendant.

Les jeunes gens âgés de plus de vingt et un ans et de moins de vingt-quatre ans, qui n'ont point cessé de demeurer chez leurs parents, sont aussi susceptibles d'être inscrits.

Mais il faudra que les parents, comme les enfants, aient domicile depuis trois ans au moins dans la commune ou le canton.

Les ascendants, comme le patron ou le maître, ne font en cela que communiquer à leurs enfants, ouvriers ou domestiques, le droit dont ils sont eux-mêmes investis; et, pour être transmis, ce droit doit être entier.

Ceux qui, au-dessous de l'âge de vingt et un ans, n'ont été absents de la maison paternelle que pour leurs études, et n'ont pas au dehors des professions ou des établissements séparés, doivent être considérés comme n'ayant jamais cessé, pendant leur minorité, d'avoir leur domicile dans la maison paternelle. C'est ce qui a lieu pour le recrutement.

Après l'âge de vingt et un ans, le fils ne conserve le domicile paternel que dans le cas seulement où ses études ou son apprentissage l'en retiennent encore éloigné, et alors qu'il n'a pas manifesté, par un établissement ou par un commencement d'exercice d'une profession séparée, l'intention d'acquérir un domicile qui lui soit propre.

Le dernier paragraphe de l'art. 3 donne qualité aux maîtres ou patrons pour attester, par écrit, que tels individus majeurs ont servi ou travaillé habituellement chez eux, en qualité de domestiques ou d'ouvriers, pendant trois ans consécutifs, et, en même temps, ont demeuré dans la même maison que les maîtres ou patrons, ou dans les bâtiments d'exploitation.

Ne doivent pas être considérés comme bâtiments d'exploitation, dans le sens de la loi, les habitations annexées à divers établissements industriels, et qui, sans être indispensables à l'exploitation, sont spécialement destinées à loger des ouvriers. C'est là, en effet, pour eux, une maison d'habitation distincte, qui les rend susceptibles d'être imposés à la contribution personnelle, et qui les place, quant au domicile, sous l'empire du paragraphe 1er de l'art. 3.

Si un ouvrier ou domestique a travaillé ou servi dans l'intervalle de trois ans consécutifs, chez plusieurs patrons ou maîtres dans la commune ou le canton, il devra en rapporter la preuve au moyen des déclarations de chacun d'eux.

Conformément à l'art. 108 du Code civil, le mineur n'a pas d'autre domicile que celui de ses père et mère. Les années de domicile constatées par les maîtres ou patrons ne doivent donc compter que du jour de la majorité, sans préjudice du temps de domicile acquis chez les père et mère, lorsque ceux-ci sont domiciliés dans la même commune ou le même canton.

Ces déclarations, ainsi que celles des pères ou mères (au cas du paragraphe 2 de l'art. 3), seront dressées d'après les formules dont les modèles vous seront envoyés incessamment et dans lesquelles seront textuellement rappelées les dispositions de la nouvelle loi, qui frappe d'une peine sévère les fausses déclarations. Vous aurez soin de veiller, d'ailleurs, à ce que ces dispositions reçoivent la plus complète publicité.

L'art. 4 a prévu le cas où il y aurait impossibilité ou refus de délivrer la déclaration mentionnée en l'art. 3. Il a déterminé les moyens d'y suppléer.

L'inscription personnelle au rôle de la prestation en nature pour les chemins vicinaux est également une des preuves admises par la loi pour la constatation du domicile.

Ainsi les listes électorales doivent comprendre tout habitant chef de famille ou d'établissement, qui justifie de son inscription personnelle depuis trois années sur les rôles de la prestation en nature.

Si, dans les trois années qui ont précédé la clôture des listes, un citoyen a successivement et sans interruption rempli plusieurs des conditions diverses énumérées dans la loi comme constatant le domicile, il devra en recueillir le bénéfice et être inscrit comme s'il eût rempli constamment une seule de ces conditions.

Telles sont les observations que j'ai à vous adresser, monsieur le préfet, au sujet de la possession du domicile pendant trois années, suivant les prescriptions des art. 2, 3 et 4.

Il me reste à vous entretenir de dispositions spéciales relatives aux fonctionnaires publics et aux citoyens faisant partie des armées de terre et de mer.

Suivant l'art. 5, les fonctionnaires publics qui, à l'époque de la formation des listes électorales, sont en exercice dans une commune, ont droit d'y être inscrits. La même disposition s'applique aux ministres, en exercice, des cultes reconnus par l'Etat.

Ainsi qu'il a été dit ci-dessus, les militaires retenus sous les drapeaux n'ont d'autre domicile fixe que la commune à laquelle ils appartenaient quand ils ont été appelés à servir. L'art. 6 a simplifié, à cet égard, les dispositions de la loi du 15 mars 1849, sur le domicile *de départ*, en spécifiant que, pour tout militaire et marin, l'inscription aurait lieu dans la commune où il a satisfait à l'appel.

Des états ou bulletins envoyés par les chefs de corps dans le mois qui précède la confection des listes, sont le meilleur moyen d'assurer l'inscription des militaires dans leurs communes respectives. A l'avenir, ces états devront être dressés selon les prescriptions de l'art. 6 de la nouvelle loi quant à la fixation du domicile.

De plus, j'ai l'intention de me concerter avec MM. les ministres de la guerre et de la marine, pour que ces documents soient dressés par commune, au lieu de réunir des militaires appartenant à des communes diverses. Mais il est difficile que de nouveaux états puissent être établis et envoyés d'ici à un mois. Au défaut de ces renseignements, les maires se serviront de ceux qu'ils auront reçus au commencement de cette année, et vous devrez distribuer ceux qui vous seraient parvenus tardivement, et qui n'ont pu être d'aucune utilité pour les listes électorales closes le 31 mars.

L'art. 7 a pourvu au maintien des droits électoraux des citoyens qui, par suite d'un changement de résidence, ne peuvent, pendant trois ans, être inscrits dans la commune de leur nouveau domicile.

Ils sont portés, pendant ces trois ans, sur la liste de la commune qu'ils ont quittée, à la charge de justifier de leur domicile actuel et de leur capacité.

La justification du domicile actuel doit être faite, aux termes de l'art. 7, dans les formes et sous les conditions prescrites par les art. 3, 4 et 5.

Evidemment l'électeur n'a besoin de justifier, dans ce cas, que du fait du domicile actuel, et n'a pas à en établir la durée.

Il suffit au fonctionnaire (art. 5), et au ministre du culte, de l'exercice de leurs fonctions publiques ou sacerdotales dans la commune, pour avoir droit à l'inscription.

Ces justifications seront faites au moyen de certificats délivrés par l'autorité chargée de dresser la liste électorale, c'est-à-dire, par le maire de la commune (assisté, en 1850, par deux délégués). Ces certificats devront être accompagnés des extraits de rôles et des déclarations mentionnés aux articles 3 et 4.

En même temps, l'électeur devra justifier également, par un certificat de l'autorité chargée de dresser des listes électorales dans sa nouvelle résidence, qu'il remplit toujours les conditions de capacité électorale, et qu'il y serait inscrit s'il était établi dans cette résidence depuis trois ans.

Suivant le troisième paragraphe de l'art. 16, les citoyens qui, cette année, n'auront pas encore atteint, au moment où la liste sera close dans votre département, les trois ans de domicile, devront, pour être inscrits dans la commune où ils étaient domiciliés précédemment, justifier, dans la forme ci-dessus indiquée qu'ils possèdent actuellement la capacité électorale et seraient inscrits au lieu de leur domicile actuel s'ils le possédaient depuis trois années. Mais ils ne pourront être inscrits dans la commune qu'ils habitaient précédemment que s'ils y avaient trois ans de domicile quand ils l'ont quittée.

L'article 15 contient une disposition exceptionnelle qui s'applique seulement à un petit nombre de villes où la contribution personnelle est acquittée en tout ou en partie par la caisse municipale. Il autorise à tenir compte de l'inscription sur l'état des imposables servant à déterminer l'entier contingent de la commune à la taxe personnelle, et à considérer les citoyens portés sur cet état, à titre d'imposables, mais dispensés d'acquitter la taxe, comme remplissant la condition d'inscription au rôle dont il est question dans les paragraphes de l'article 3. Des instructions particulières seront adressées aux préfets des départements où cette disposition devra être exécutée.

L'art. 8 a reproduit les incapacités établies par l'art. 3 de la loi du 15 mars 1849, et en a reconnu de nouvelles. Les art. 9 et 11 contiennent également des incapacités, mais dont la durée est limitée à un nombre d'années déterminé.

Vous aurez soin d'appeler l'attention de MM. les maires sur ces dispositions importantes, et de vous concerter avec les chefs des parquets des tribunaux sur les moyens de faire parvenir à la connaissance des autorités municipales les condamnations de nature à entraîner ces incapacités.

Vous recevrez, avec les formules des déclarations dont il est question plus haut, un tableau indiquant les diverses incapacités qui emportent, à l'égard de celui qui en est frappé, l'exclusion définitive ou temporaire de la liste électorale.

Suivant l'art. 16, paragraphe 1er, de la loi du 31 mai, les règles prescrites par la loi du 15 mars 1849, en ce qui concerne les délais et les réclamations, seront observées pour la confection des listes dressées en vertu de l'art. 1er.

En conséquence, la durée des diverses opérations est fixée conformément au tableau ci-après :

OPÉRATIONS.	Nombre de jours.
Confection de la liste.	30
Publication de la liste.	1
Délai ouvert aux réclamations (loi du 15 mars 1849, art. 7).	10

Les vingt-trois jours restant jusqu'à la clôture des listes permettront l'exercice du droit de recours en cassation prévu par l'art. 12 de la loi du 15 mars 1849, et donneront le temps nécessaire pour le travail qui devrait être recommencé dans le cas d'annulation des opérations primitives en vertu de l'art. 6 de la même loi.

Je me réfère, monsieur le préfet, aux observations contenues dans les circulaires des 19 mars et 17 décembre 1849 sur les opérations prescrites par les titres Ier et II de la loi du 15 mars 1849, pour la réception et le jugement des réclamations, et sur les moyens de recours contre les décisions en matière d'inscription électorale.

Ces opérations ont été pratiquées deux fois déjà en 1849 et 1850, et n'ont pas donné lieu à des difficultés sérieuses. D'ailleurs, la nouvelle loi n'y a apporté aucune modification.

Je vous prie de m'accuser la réception de la présente circulaire.

Recevez, monsieur le préfet, l'assurance de ma considération très-distinguée.

Le ministre de l'intérieur, BAROCHE.

§ 4. Circulaire du ministre de la justice, du 8 juin 1850.

Monsieur le procureur général, la loi du 31 mai 1850, qui modifie la loi électorale du 15 mars 1849, impose à la magistrature de nouveaux devoirs dont je dois vous entretenir.

Le premier article de la loi nouvelle a décidé que le maire sera assisté, pour dresser la liste électorale, de deux délégués désignés, pour chaque commune, par le *juge de paix*, et domiciliés dans le canton. Le législateur, en mettant plus de sévérité dans les conditions du suffrage, a voulu, par cette innovation, entourer la formation des listes de nouvelles et plus grandes garanties. Le juge de paix devra, pour se conformer à cette intention, choisir les délégués les plus honorables, ceux qui seront le mieux à l'abri de tout soupçon, enfin ceux qui seront les plus capables de coopérer utilement à la confection des listes.

Il est nécessaire que ces délégués soient domiciliés dans le canton ; j'ajouterai qu'il est convenable, sous tous les rapports, qu'ils y soient domiciliés au moins depuis trois ans.

Parmi les hommes les plus aptes à bien remplir les fonctions importantes de délégués, je dois désigner les percepteurs, que le recouvrement de l'impôt met en rapports continuels avec les habitants de la commune, et qui ont continuellement sous la main les documents qui servent le mieux à établir la durée du domicile exigé par la loi nouvelle.

On obtiendra aussi de très-utiles services des membres du conseil général et des notaires. Dans les communes rurales, ces derniers sont, plus que personne, en état de se prononcer, en connaissance de cause, sur les incapacités électorales.

Les mêmes délégués peuvent être choisis pour plusieurs communes.

Cela ressort suffisamment de la délibération. « Si nous avions voulu renfermer la délégation dans l'enceinte de la commune, a dit le rapporteur, nous aurions souvent manqué de délégués possibles ; il y a telles communes qui ne renferment pas d'hommes pouvant exercer ces fonctions. »

En revanche, la même commune peut avoir plus de deux délégués, quand elle est divisée en plusieurs cantons. Chaque juge de paix exerce alors, dans sa circonscription, les droits attribués par la loi à la fonction dont il est revêtu : par conséquent, chaque juge de paix délèguera, pour sa circonscription, deux citoyens qui assisteront le maire dans la confection de la liste. Un des membres de la commission a fait observer qu'il ne pouvait en être autrement : car, s'il n'y avait pas deux délégués par chaque canton, ce ne serait plus, pour quelques-unes des sections de la commune, les délégués du juge de paix compétent qui assisteraient le maire dans la confection de la liste. Mais, dans ce cas, les juges de paix de la commune peuvent tous choisir les mêmes délégués.

Les délégués participent à toutes les opérations relatives à la formation première de la liste électorale. Dans tous les cas où ils le jugent utile, ils ont le droit de consigner leurs observations sur le procès-verbal.

Indépendamment de la nomination des délégués, les juges de paix reçoivent de la loi une attribution nouvelle et importante. Suivant l'art. 3, le domicile électoral est constaté :

1°.... 2° Par la déclaration des pères ou mères, beaux-pères ou belles-mères ou autres ascendants *domiciliés depuis trois ans*, en ce qui concerne les fils, gendres, petits-fils ou autres descendants majeurs vivant dans la maison paternelle, et qui, par application de l'art. 12 de la loi du 21 avril 1832, n'ont pas été portés au rôle de la contribution personnelle ;

3° Par la déclaration des maîtres ou patrons, en ce qui concerne les majeurs qui travaillent habituellement chez eux, lorsque ceux-ci demeurent dans la même maison que les maîtres ou patrons ou dans les bâtiments d'exploitation.

Or, aux termes de l'art. 4, en cas d'empêchement des père et mère et autres descendants, et en cas de refus ou d'empêchement des maîtres ou patrons de faire ou de remettre la déclaration mentionnée en l'art. 3, c'est au juge de paix qu'il appartient de constater le fait du domicile chez les père, mère ou autres ascendants, ou chez le maître ou patron.

Cette constatation ne devra prendre la forme d'un jugement que dans le cas où il y aurait une contestation engagée. Elle ne me paraît susceptible d'aucun recours ; mais il est bien entendu que, si elle impliquait la décision d'une question d'état, cette question devrait être, avant tout, résolue par les tribunaux civils, conformément à l'art. 10 de la loi du 15 mars 1849.

Les dispositions des art. 3 et 4 de la loi du 31 mai 1850 peuvent donner lieu à des difficultés nombreuses que je ne saurais ni prévoir ni résoudre complétement. Il me suffira de dire qu'elles doivent être décidées par les règles ordinaires et en se conformant aux principes du droit commun.

Il est, cependant, quelques points fondamentaux qu'il est indispensable de ne pas perdre de vue. Ces deux articles établissent deux des moyens admis par la loi pour constater d'une manière *non équivoque* un domicile triennal, mais ils ne doivent jamais servir à dépasser les limites légales.

Le juge de paix, lorsqu'il s'agit de constater le domicile électoral, n'a pas plus de pouvoir que n'en aurait eu l'ascendant ou le patron ; il supplée à leur défaut, mais il ne peut pas faire plus qu'ils n'auraient fait eux-mêmes.

Ainsi, relativement aux descendants, le juge de paix n'a quelque autorité que pour ceux qui n'ont pas été portés au rôle de la contribution personnelle, par application de l'art. 12 de la loi du 21 avril 1832, c'est-à-dire pour ceux qui, domiciliés avec leurs père, mère, tuteur ou curateur, n'ont pas été considérés comme ayant des moyens indépendants d'existence.

Ainsi, à l'égard des ouvriers, le juge de paix n'a pas à constater le domicile de ceux qui demeurent hors de la maison du patron, ou hors des bâtiments d'exploitation.

Enfin, je dois faire remarquer que la déclaration du père de famille ne peut être suppléée par le juge de paix que dans le cas d'empêchement. Le refus de l'ascendant doit être respecté. Le législateur n'a pas voulu admettre l'hypothèse d'une hostilité politique entre le père et ses enfants.

Il admet, au contraire, le juge de paix à constater le domicile de l'ouvrier, en cas d'empêchement *ou de refus* du maître ou patron.

Les détails que mon collègue, M. le ministre de l'intérieur, a donnés sur plusieurs questions relatives aux domiciles des enfants et des ouvriers, dans une circulaire qu'il a adressée à MM. les préfets, le 5 de ce mois, me dispensent d'insister plus longtemps sur ces deux articles de la loi nouvelle. Il me suffit d'en avoir fait ressortir le principe.

Telles sont, en ce qui concerne la magistrature, les dispositions vraiment nouvelles de la loi du 31 mai. Elles soumettent les juges de paix à l'accomplissement de devoirs bien grands, quoiqu'ils soient peu difficiles. Invitez-les à les remplir dignement, à mériter de plus en plus la confiance que l'on a mise en eux. Pour cela, qu'ils agissent avec promptitude, sagesse et loyauté.

Relativement à vos substituts, j'ai peu de chose à dire. La loi qui a étendu le cercle des incapacités leur impose des soins plus multipliés, mais non pas de nouveaux devoirs.

Aujourd'hui, comme autrefois, ils doivent s'attacher à faire connaître aux autorités municipales toutes les condamnations qui entraînent une incapacité électorale. Ils ne sauraient y apporter trop de zèle.

Ils rencontreront des difficultés sérieuses dans l'accomplissement de ce devoir ; et vous recevrez prochainement les instructions qui ont pour but de les diminuer.

Dès à présent, je vous invite à faire constater dans l'instruction, par une question régulière, le domicile électoral de tout citoyen poursuivi pour crime ou délit qui pourrait avoir pour conséquence une incapacité. Ce document devra figurer, désormais, sur les feuilles de renseignements qui sont jointes à chaque dossier. Il fera connaître l'autorité municipale, près de qui la radiation sur la liste électorale doit être requise, conformément à l'art. 23 de la loi du 15 mars 1849.

Recevez, monsieur le procureur général, l'assurance de ma considération très distinguée,

Le garde des sceaux, ministre de la justice,

Signé : E. ROUHER.

LIVRE DEUXIÈME.

MANUEL THÉORIQUE ET PRATIQUE
DU DÉCRET SUR LE JURY.

496. Le jury est, en matière criminelle, la réunion d'un certain nombre de citoyens appelés par la loi à statuer sur l'existence du fait qui motive les poursuites et sur la culpabilité de ceux qui sont accusés d'en être les auteurs. On donne le nom de juré à chacun des membres de cette réunion.

497. En matière civile, l'institution du jury n'est appliquée, toutefois avec des règles et dans des conditions toutes spéciales, qu'aux expropriations pour cause d'utilité publique. C'est le jury qui seul peut fixer souverainement la valeur des biens immeubles expropriés.

498. Les fonctions de jurés sont non-seulement un droit pour ceux qui prétendent l'exercer, mais une charge imposée à chaque citoyen qui peut l'exercer, et qui est dans la position de pouvoir supporter cette charge.

SOMMAIRE.

SECTION Ire. — *Historique et législation.*

499. L'institution du jury n'est pas aussi récente qu'on peut généralement le croire; on la trouve à l'origine

de la plupart des sociétés. A Sparte et à Athènes, le peuple était appelé à vider toutes les grandes questions judiciaires.

500. A Rome, le peuple seul pouvait condamner à mort et prononcer contre un citoyen romain la dégradation.

Le jugement par le peuple fut aboli par les empereurs, et passa à leurs délégués (Aignan, *Hist. du Jury*, p. 82, 89et suiv.).

501. On voit se formuler l'institution du jury d'une manière remarquable dans la Germanie et dans la Gaule (Taillandier, *Lois spéciales*). Chez les Germains, l'accusé qui se présentait était jugé par l'assemblée du peuple. Le plus souvent, les parties étaient appelées à vider leurs différends par la voie des armes (Aignan, p. 100).

502. C'est surtout en Angleterre que le jury, tel à peu près que nous le voyons fonctionner en France, est établi depuis un grand nombre d'années, et a été régulièrement organisé. C'est cette organisation qui a servi de point de départ, et, en quelques points, de modèle à la nôtre.

SECT. II. — *Conditions et capacité pour être juré.*

503. Pour être juré, il faut avoir trente ans accomplis et jouir des droits civils et politiques, sauf les cas d'incapacité ou de dispense prévus par les articles 2, 3, 4 et 5 du décret du 7 août 1848, énumérés ci-après (C. 3 brumaire an IV, art. 483; C. Instr. crim., art. 381; L. 19 avril 1831; Décret 7 août 1848, art. 1er).

504. Les conditions d'âge et de jouissance des droits politiques et civils sont *indispensables* pour remplir les fonctions de juré (D. 7 août 1848, art. 1er): ces conditions sont d'ordre public. La jurisprudence a consacré ce principe par un grand nombre d'arrêts.

505. Ainsi les citoyens qui n'ont pas accompli leur trentième année sont frappés d'une incapacité radicale, et leur concours à un jugement criminel pourrait en entraîner la nullité.

506. L'étranger non naturalisé ne peut également,

à peine de nullité, remplir les fonctions de juré, et doit conséquemment être écarté de la liste électorale (Cass., 28 oct. 1844; 14 fév. 1825; J.P.; Persin, *Code du Jury*, p. 87; Carnot, C. Instr. crim., t. 3, p. 16, n° 3).

507. Mais un individu né à l'étranger d'un Français est réputé Français tant qu'il n'est pas justifié que son père avait perdu sa qualité d'une des manières indiquées par l'art. 17 du C. civ.

508. L'individu, né en France d'un étranger, qui, remplissant les conditions prescrites par la loi du 22 mars 1849, modificative de l'art. 9 du C. civ., aura réclamé la qualité de Français et l'aura obtenue, devra nécessairement faire partie de la liste du jury.

509. Il en est de même des enfants de l'étranger naturalisé, quoique nés en pays étrangers, s'ils étaient mineurs lors de la naturalisation, et des enfants nés en France ou à l'étranger, qui étaient majeurs à cette même époque; l'art. 9 du C. civ. leur est applicable dans l'année qui suit celle de la dite naturalisation (L. 22-29 janvier, 7 février 1851).

510. Mais ne peuvent être jurés : 1° ceux qui ne savent pas lire et écrire en français; 2° les domestiques et serviteurs à gages (D. 7 août 1848, art. 2).

511. L'état de domesticité doit-il, dans ce cas, s'entendre dans la généralité que plusieurs auteurs et la jurisprudence, par application des dispositions du droit civil, et particulièrement des art. 2101 et 2072, C. civ., 61, 68 et 283, C. proc. et 386, C. pén., donnent aux expressions que la loi emploie, et s'appliquer, par exemple, aux commis-régisseurs, précepteurs, secrétaires, bibliothécaires, instituteurs, clercs d'avoués, de notaires, huissiers, etc. ? Nous ne pouvons le penser. Il s'agit ici, en effet, non des dispositions du droit civil ou criminel, mais de l'application d'une loi politique. Or, d'après les anciennes constitutions, notamment celles du 20 avril 1790, art. 7, du 20 août 1790, § 6, n° 5, de l'an III, art. 13, et de l'an VIII, art. 5, nous voyons qu'aucun citoyen ne doit être exclu des assemblées politiques *pour cause de domesticité, s'il n'est attaché au service habituel des*

10.

personnes (*Sic,* Carnot, C. Instr. crim., t. 3, p. 9, n° 14;
Morin, *Dict. du droit crim.,* v° *Jury,* p. 454. — *Contrà,*
Circ. min., 10 sept. 1848).

512. Ceux qui, par l'effet d'une infirmité ou maladie habituelle, ne peuvent entendre la lecture des
pièces du procès, les dépositions orales des témoins,
les réponses de l'accusé et les débats, les aveugles,
les sourds, etc., ne peuvent également être jurés,
malgré le silence de la loi nouvelle en ce qui les concerne; mais nous pensons que, pour les exclure de la
liste du jury, une preuve authentique des infirmités
serait indispensable : car, jusque-là, il existe en leur
faveur une présomption légale de leur aptitude phy-
sique comme jurés, sauf à être nécessairement récusés
avant l'ouverture des débats.

SECT. III.—*Incapacités légales.*

513. Sont incapables d'être jurés et doivent être
conséquemment éliminés de la liste du jury : ceux à
qui l'exercice de tout ou partie des droits politiques,
civils et de famille, a été interdit; les faillis non réhabilités, l'homologation même du concordat ne suffit pas pour restituer aux faillis leurs droits civils. Il
faut excepter cependant les concordats homologués,
à la suite des suspensions ou cessations de paiements
survenues depuis le 24 février jusqu'à la promulgation
du décret du 22 août (Circ. min., 10 sept. 1848); les
interdits et ceux qui sont pourvus d'un conseil judiciaire; ceux qui sont en état d'accusation ou de contumace, mais ne sont pas compris dans cette incapacité ; les prévenus en état d'arrestation ou en état
de simple prévention correctionnelle (Circ. 10 sept.
1848); les individus qui ont été condamnés soit à des
peines afflictives ou infamantes (C. pén., art. 7, 8,
28 et 34), soit à des peines correctionnelles pour faits
qualifiés crimes par la loi (lorsque, par suite de circonstances atténuantes, la peine a été abaissée d'un ou
de deux degrés), ou pour délits de vol, d'escroquerie,
abus de confiance, usure, attentat aux mœurs, vagabondage ou mendicité; et ceux qui, à raison de tout

autre délit, auront été condamnés à plus d'un an d'emprisonnent (D. 7 août 1848, art. 3), ou même d'une peine moindre, si les tribunaux ont ajouté la privation des droits mentionnés en l'art. 42 du C. pén.).

514. Toutefois, si le délit est, par sa nature, politique, la peine même de plus d'un an d'emprisonnement n'entraîne l'incapacité qu'autant que cette incapacité est prononcée par le jugement.

515. L'intérêt public bien entendu exigerait l'extension des incapacités en cette matière à celles prévues par les lois électorales des 15 mars 1849 et 31 mai 1850 ; mais, en attendant cette amélioration légale, c'est aux commissions cantonales à examiner sérieusement ce point de moralité et d'ordre public, et à ne désigner, comme jurés, que les plus dignes, sous tous les rapports, de remplir une aussi sainte mission, et ce but sera facilement et utilement atteint, si les juges de paix, qui doivent connaître, mieux que qui que ce soit, le personnel de leurs justiciables, ont soin de préparer une liste provisoire des plus aptes que les commissions cantonales recevront toujours avec reconnaissance et s'empresseront d'adopter ; c'est, du reste, ce que nous avons fait jusqu'à ce jour avec succès.

SECT. IV.—*Incompatibilités entre les fonctions de juré et certaines fonctions ou qualités.*

516. Les fonctions de juré sont incompatibles avec celles de représentant du peuple, de ministre, de sous-secrétaire d'Etat, de secrétaire général d'un ministère, de préfet et de sous-préfet, de juge.

517. Mais les juges suppléants de tribunaux civils ne sont point exclus de fonctions de juré (Cass., 30 mai et 3 décembre 1829 ; 22 janvier 1830 ; 23 août 1833 (intérêt de la loi) ; 14 septembre 1837; *J. P.*, 40, 1, 13; 1er octobre 1846; *J. P.* 47, 1, 25 ; Bourguignon; *Jurisp. des Codes crimin.*, sur l'art. 383, C. Instr. crim., t. 2, p. 245, n° 3 ; Carnot, sur le même article, t. 3, p. 24, n° 3 ; Legraverend, t. 2, ch. 2, p. 77, note 2;

de Serre, *Manuel des Cours d'assises*, t. 1ᵉʳ, p. 114 ; Persin, *Code du Jury*, p. 82 ; voy. Circ. min., 25 sept. 1811 et 10 sept. 1848).

518. Il en est de même des fonctions des juges suppléants au tribunal de commerce (Cass. , 10 mars 1815 ; 13 avril 1839 ; *J. P.* 39, 1, 471), et des juges suppléants du juge de paix (Cass., 25 oct. 1811, 10 août 1826, 15 nov. 1837 ; *J. P.*, 38, 1, 291 ; Circul. 10 sept. 1848).

519. Les juges suppléants des tribunaux civils et des justices de paix n'exercent, en effet, leurs fonctions que momentanément et dans des cas particuliers.

520. Les fonctions de juré sont également incompatibles avec celles de procureur général, de procureur de la République et de leurs substituts, de ministre d'un culte quelconque, de membre du conseil d'Etat, de commissaire de la République près les administrations ou régies, de fonctionnaire ou préposé chargé d'un service actif (*Ibid.*).

521. Les employés d'un service actif sont : les agents des contributions indirectes, des douanes, des octrois, les inspecteurs de l'instruction primaire, et tous ceux, enfin, qui sont obligés, pour remplir leurs fonctions, de quitter leur domicile.

522. Les fonctions de juré sont encore incompatibles avec celles de militaire en activité de service, d'instituteur primaire communal (*Ibid.*).

523. Peuvent, sur leur demande, ne point être portés sur la liste : 1° les septuagénaires ; 2° les citoyens qui, vivant d'un travail journalier, justifient qu'ils ne peuvent supporter les charges résultant des fonctions de juré (*Ibid.*, art. 5).

SECT. V.—*Liste du jury dressée par le maire.*

524. La liste des jurés pour chaque commune devant être dressée par le maire sur la liste générale des électeurs (*Ibid.*, art. 6), les cas d'exclusion se trouveront considérablement agrandis par suite de la loi du 31 mai 1850, qui devra désormais être prise pour base de la liste des jurés.

525. Le maire se conformera, à cet effet, aux prescriptions des art. 1, 2, 3, 4, 5 et 6 de la loi du 7 août 1848.

526. La liste des jurés est permanente (*Ibid.*, art. 7).

527. Tous les ans, avant le 15 sept., le maire rectifie cette liste en retranchant les jurés qui seraient décédés ou devenus incapables, et en ajoutant les citoyens qui auraient acquis les conditions exigées (*Ibid.*).

528. La liste ainsi rectifiée est publiée comme il est dit en l'art. 6 de la loi du 7 août 1848 ; tout citoyen peut, dans le délai de dix jours, faire la réclamation prévue par ce même article, laquelle est jugée dans les formes indiquées par ladite loi (art. 6).

529. Le maire transmet au préfet, avant le 1er novembre de chaque année, la liste des jurés de la commune (*Ibid.*).

530. Le préfet dresse, sans retard, la liste générale du département par canton et par ordre alphabétique (*Ibid.*, art. 8).

531. La liste de chaque canton est envoyée au juge de paix (*Ibid.*).

SECT. VI.—*Composition de la liste annuelle.*

532. La liste annuelle du jury pour chaque département comprend un juré par deux cents habitants, en prenant pour base le tableau officiel de la population ; toutefois le nombre des jurés ne peut excéder trois mille dans le département de la Seine, et quinze cents dans les autres départements (*Ibid.*, art. 9).

533. Il est formé, chaque année, sur la liste générale, et en dehors de la liste annuelle du jury, une liste spéciale de jurés supplémentaires, pris parmi les jurés de la ville où se trouvent les assises ; elle est pour chaque département de cinquante, et pour Paris de trois cents (*Ibid.*).

534. Le nombre des jurés, pour la liste annuelle, est réparti, à Paris, entre les arrondissements, et dans les départements, entre les cantons, proportionnelle-

ment au nombre des jurés portés sur la liste générale. Cette répartition est faite par le préfet en conseil de préfecture (*Ibid.*, art. 10).

535. Le préfet, en adressant au juge de paix l'arrêté de répartition, doit lui indiquer les noms des jurés désignés par le sort dans le cours de l'année précédente et de l'année courante (*Ibid.*).

536. Les jurés de chaque canton, appelés à faire partie de la liste annuelle, sont désignés par une commission composée : 1° du conseiller général du canton qui en est le président; 2° du juge de paix, vice-président; 3° et de deux membres du conseil municipal de chaque commune du canton, désignés spécialement par ce conseil dans la première quinzaine du mois d'août de chaque année (*Ibid.*, art. 11).

537. Le maire doit, sans délai, faire connaître au préfet et au juge de paix les noms des membres désignés.

538. Dans les cantons ne comprenant qu'une seule commune, la commission est composée : 1° du conseiller général, président; 2° du juge de paix, vice-président; 3° et de cinq membres du conseil municipal, désignés comme il est dit ci-dessus, n° 536 (*Ibid.*, art. 12).

539. Dans les communes divisées en plusieurs cantons, il ne doit y avoir qu'une seule commission pour tous les cantons, composée : 1° des conseillers généraux des cantons, dont le plus âgé est le président; 2° des juges de paix, dont le plus ancien est le vice-président; 3° de deux membres du conseil municipal de la ville pour chaque canton, désignés comme il est dit ci-dessus, n° 536; 4° de deux membres du conseil municipal de chaque commune rurale faisant partie des cantons, et désignés comme il est dit ci-dessus, n° 536 (*Ibid.*, art. 13).

540. Dans la ville de Paris, la commission est composée pour chaque arrondissement : 1° de trois membres du conseil municipal, dont le plus âgé est le président, désignés par le conseil municipal, et pris, autant que possible, parmi ceux qui demeurent

dans l'arrondissement; 2° du maire et des adjoints de l'arrondissement; 3° du juge de paix (*Ibid.*, art. 14).

541. Dans les cantons des arrondissements de Sceaux et de Saint-Denis, la commission est composée comme il est dit en l'art. 11 ci-dessus, n° 536, et le président, à défaut de conseiller général, est le juge de paix de chaque canton (*Ibid.*).

542. La commission doit s'assembler, dans la dernière quinzaine de novembre, au chef-lieu de canton, aux jour et heure indiqués par le préfet. Chaque membre doit être convoqué par un avertissement notifié dans la forme administrative (*Ibid.*, art. 15).

543. La commission ne peut procéder aux opérations qui lui sont confiées qu'autant qu'elle est composée de la moitié plus un des membres qui doivent en faire partie (*Ibid.*).

544. Chaque membre absent, dont les excuses n'auraient pas été agréées par l'assemblée, peut être condamné à une amende de 15 fr. au moins, et de 100 f. au plus : cette amende est prononcée par le tribunal de première instance de l'arrondissement jugeant en matière civile, et conformément à l'art. 6 du décret du 7 août 1848, sur le vu d'un extrait du procès-verbal de la commission constatant l'absence (*Ibid.*, art. 16).

545. La partie intéressée sera appelée par un simple avertissement délivré en la forme administrative (*Ibid.*).

546. La désignation des jurés doit être faite sans avoir égard à la population des communes, mais eu égard seulement à l'aptitude des citoyens. Aussi, telle commune de 5 à 600 habitants, même plus importante par sa population, peut ne pas avoir un seul citoyen jugé apte par la commission à figurer sur la liste de désignation des jurés, tandis que telle autre commune d'une population de deux à trois cents habitants, et même moindre, en aura plusieurs. Telle est la moralité comme l'esprit de la loi.

Toutefois, il ne faudrait pas conclure de là que la commune qui n'aurait pas un citoyen de compris par la commission cantonale dans la liste du jury ne devrait pas, l'année suivante, présenter une nouvelle liste par le motif qu'elle serait composée des mêmes citoyens que l'année précédente, ou en présenter une en blanc, comme l'ont pensé certains maires, car en agir ainsi, ce serait, de la part de l'administration municipale, violer la lettre comme l'esprit de la loi, qui veut que chaque commune présente annuellement une liste de noms de citoyens désignés, conformément aux articles 1er à 6 de la loi du 7 août 1848, sans se préoccuper du choix que peut faire la commission municipale.

547. La liste est rédigée en double exemplaire, et signée séance tenante (*Ibid.*, art. 17) par tous les membres de la commission.

Un double de cette liste est transmis immédiatement au préfet par le président de l'assemblée. L'autre double reste au greffe de la justice de paix, où chaque citoyen peut en prendre communication. Il en est de même de la liste des jurés suppléants (*Ibid.*; V. *infrà*, sect. 7, §§ 1er, 2 et 3). Ces tableaux tiennent lieu de procès-verbal de la séance.

548. Les dispositions des art. 18, 19, 20, 21, 22 et 23 du décret du 7 août 1848, étant purement administratives, et conséquemment étrangères aux juges de paix, nous n'avons pas cru devoir les reproduire ici.

SECT. VII. — *Modèles de tableaux dressés en conformité des art. 9 et 11 du décret du 7 août 1848.*

§ 1er. Tableau destiné à constater la présence ou l'absence, avec ou sans excuses, des membres appelés à former la commission cantonale chargée de dresser la liste annuelle du jury, ainsi que le nombre des jurés par commune, eu égard à leur population.

Département de...   *Formation de la liste annuelle du jury* (1).   Canton de...

Arrondissement de...   Année 185...

ASSEMBLÉE CANTONALE.

Communes.	Population.	NOMS des membres appelés à l'assemblée cantonale.	Présents.	Absents.		NOMS, prénoms, âges et demeures des jurés désignés par la commission cantonale.
				Excuses admises.	Excuses rejetées.	

Fait et arrêté, en séance publique, à..., hôtel de la justice de paix, le... 185...

Et ont les membres de la commission cantonale, chargés de former la liste annuelle des jurés et suppléants pour la présente année, signé, après lecture faite.   *(Signatures.)*

§ 2. Liste annuelle du jury, dressée en conformité des art. 9 et 11 du décret du 7 août 1848.

Département de...   *Formation de la liste annuelle du jury.*   Canton de...

Arrondissement de...   Année 185...

ASSEMBLÉE CANTONALE.

Nos d'ordre	NOMS et prénoms des jurés.	DATE de naissance.	Professions ou qualifications.	DEMEURE.	OBSERVATIONS et causes des changements survenus dans la position des jurés.

Fait et arrêté, en séance publique, à.., hôtel de la justice de paix, le... 185..

Et ont les membres de la commission cantonale, chargés de former la liste annuelle des jurés pour la présente année, signé, après lecture faite.   *(Signatures.)*

§ 3. Liste supplémentaire de 50 jurés suppléants, dressée en conformité des art. 9 et 11 du décret du 7 août 1848. Voy. le § 2, sauf les changements de jurés en jurés suppléants.

(1) Deux tableaux conformes sont nécessaires, l'un pour les jurés et l'autre pour les cinquante suppléants.

Sect. VIII.—*Décret du 7 août 1848, sur le jury.*

Titre Ier. — *De la composition de la liste générale du jury.*

Art. 1er. Tous les Français âgés de trente ans, jouissant des droits civils et politiques, seront portés sur la liste générale du jury, sauf les cas d'incapacité ou de dispense prévus par les articles suivants.

2. Ne peuvent être jurés :

1° Ceux qui ne savent pas lire et écrire en français ;

2° Les domestiques et serviteurs à gages.

3. Sont incapables d'être jurés :

Ceux à qui l'exercice de tout ou partie des droits politiques, civils et de famille, a été interdit ;

Les faillis non réhabilités ;

Les interdits et ceux qui sont pourvus d'un conseil judiciaire ;

Ceux qui sont en état d'accusation ou de contumace ;

Les individus qui ont été condamnés soit à des peines afflictives ou infamantes, soit à des peines correctionnelles pour faits qualifiés crimes par la loi, ou pour délits de vol, d'escroquerie, abus de confiance, usure, attentat aux mœurs, vagabondage ou mendicité, et ceux qui, à raison de tout autre délit, auront été condamnés à plus d'un an d'emprisonnement.

Les condamnations pour délits politiques n'entraîneront l'incapacité qu'autant que le jugement la prononcerait.

4. Les fonctions de jurés sont incompatibles avec celles de représentant du peuple, de ministre, de sous-secrétaire d'État, de secrétaire général d'un ministère, de préfet et de sous-préfet, de juge, de procureur général, de procureur de la République et de leurs substituts, de ministre d'un culte quelconque, de membre du conseil d'État, de commissaire de la République près les administrations ou régies, de fonctionnaire ou préposé chargé d'un service actif, de militaire en activité de service, d'instituteur primaire communal.

5. Pourront, sur leur demande, ne point être portés sur la liste :

1° Les septuagénaires ;

2° Les citoyens qui, vivant d'un travail journalier, justifieraient qu'ils ne peuvent supporter les charges résultant des fonctions de juré.

6. La liste des jurés, pour chaque commune, sera dressée par le maire sur la liste générale des électeurs ; il se conformera aux prescriptions des articles précédents ; cette liste sera, par ses soins, affichée sur la porte de l'église, de la maison commune et partout où il jugera convenable.

Pendant les dix jours qui suivront cette publication, tout citoyen pourra réclamer, soit contre une inscription, soit contre une omission, en déposant sa réclamation à la mairie. Cette réclamation sera jugée dans les huit jours par le conseil municipal, sauf recours devant le tribunal civil, s'il s'agit d'incapacité légale, ou, s'il s'agit de toute autre cause, devant le conseil de préfecture, lequel statuera définitivement et sans frais. Ce recours sera formé dans les trois jours de la notification, faite administrativement, de la décision du conseil municipal.

Le tribunal statuera, également en dernier ressort, les parties intéressées présentes ou dûment appelées. La cause sera jugée sommairement, toutes affaires cessantes, et sans qu'il soit besoin du ministère d'avoué. Les actes judiciaires auxquels l'affaire donnera lieu seront exempts de timbre et enregistrés gratis.

L'affaire sera rapportée en audience publique par un des membres du tribunal, et le jugement sera prononcé après que les parties et le ministère public auront été entendus.

Les décisions du tribunal et du conseil de préfecture devront être rendues, au plus tard, dans les quinze jours du recours.

Les additions ou retranchements opérés par suite des décisions intervenues sur les réclamations seront affichés dans la commune, conformément au paragraphe premier du précédent article.

7. La liste des jurés sera permanente.

Tous les ans, avant le 15 septembre, le maire rectifiera cette liste, en retranchant les jurés qui seraient décédés ou devenus incapables, et en ajoutant les citoyens qui auraient acquis les conditions exigées.

La liste ainsi rectifiée sera publiée comme il est dit en l'article ci-dessus, et tout citoyen pourra, dans le délai de dix jours, faire la réclamation prévue par ce même article, laquelle sera jugée dans les formes indiquées.

8. Avant le 1er novembre de chaque année, le maire transmet au préfet la liste des jurés de la commune. Le préfet dresse sans retard la liste générale du département, par canton et par ordre alphabétique. La liste de chaque canton est envoyée au juge de paix.

TITRE II. — *De la composition de la liste annuelle.*

9. La liste annuelle du jury pour chaque département comprendra un juré par deux cents habitants, en prenant pour base le tableau officiel de la population ; toutefois, le nombre total des jurés ne pourra excéder trois mille dans le département de la Seine, et quinze cents dans les autres départements.

Chaque année, il sera formé sur la liste générale, et en dehors de la liste annuelle du jury, une liste spéciale de jurés suppléants, pris parmi les jurés de la ville où se tiennent les assises ; elle sera, pour chaque département, de cinquante, et pour Paris, de trois cents.

10. Le nombre des jurés, pour la liste annuelle, sera réparti, à Paris, entre les arrondissements, et, dans les départements, entre les cantons, proportionnellement au nombre des jurés portés sur la liste générale. Cette répartition sera faite par le préfet en conseil de préfecture.

En adressant au juge de paix l'arrêté de répartition, le préfet lui indiquera les noms des jurés désignés par le sort dans le cours de l'année précédente et de l'année courante.

11. Les jurés de chaque canton qui devront faire partie de la liste annuelle seront désignés par une commission composée :

1° Du conseiller général du canton, qui en sera président ;

2° Du juge de paix, vice-président ;

3° Et de deux membres du conseil municipal de chaque commune du canton, désignés spécialement par ce conseil dans la première quinzaine du mois d'août de chaque année.

Le maire devra, sans délai, faire connaître au préfet et au juge de paix les noms des membres désignés.

12. Dans les cantons ne comprenant qu'une seule commune, la commission sera composée :

1° Du conseiller général, président ;

2° Du juge de paix, vice-président ;

3° De cinq membres du conseil municipal, désignés conformément à l'art. 11.

13. Dans les communes divisées en plusieurs cantons, il n'y aura qu'une seule commission pour tous les cantons.

Elle sera composée :

1° Des conseillers généraux des cantons, dont le plus âgé sera le président;

2° Des juges de paix, dont le plus ancien sera le vice-président;

3° De deux membres du conseil municipal de la ville pour chaque canton, désignés comme il est dit en l'art. 11;

4° De deux membres du conseil municipal de chaque commune rurale faisant partie des cantons, et désignés comme il est dit ci-dessus.

14. Dans la ville de Paris, la commission sera composée pour chaque arrondissement :

1° De trois membres du conseil municipal, dont le plus âgé sera le président. Ils seront désignés par le conseil municipal et pris, autant que possible, parmi ceux qui demeurent dans l'arrondissement;

2° Du maire et des adjoints de l'arrondissement;

3° Du juge de paix.

Dans les cantons des arrondissements de Sceaux et de Saint-Denis, la commission sera composée comme il est dit en l'art. 11, et le président, à défaut de conseiller général, sera le juge de paix du canton.

15. La commission s'assemblera, dans la dernière quinzaine de novembre, au chef-lieu de canton, aux jour et heure indiqués par le préfet. Chaque membre sera convoqué par un avertissement notifié dans la forme administrative. Cette commission ne pourra procéder aux opérations qui lui sont confiées qu'autant qu'elle sera composée de la moitié plus un des membres qui doivent en faire partie.

16. Chaque membre absent, dont les excuses n'auront pas été agréées par l'assemblée, pourra être condamné à une amende de 15 fr. au moins et de 100 fr. au plus. Elle sera prononcée par le tribunal de première instance de l'arrondissement, jugeant en matière civile, et conformément à l'art. 6, sur le vu d'un extrait du procès-verbal de la commission constatant l'absence. La partie intéressée sera appelée par un simple avertissement délivré en la forme administrative.

17. La liste sera rédigée en double exemplaire et signée séance tenante. Un double est transmis immédiatement au préfet par le président de l'assemblée. L'autre double reste au greffe de la justice de paix, où chaque citoyen peut en prendre communication.

Il en sera de même de la liste des jurés suppléants.

18. Le préfet dresse sans retard la liste générale du département, par ordre alphabétique, sur les listes des cantons. Il dresse également, par ordre alphabétique, la liste des suppléants prescrite par l'art. 9. Ces listes ainsi rédigées seront, avant le 15 décembre de chaque année, transmises au greffier du tribunal chargé de la tenue des assises.

19. Si, dans le cours de l'année, il survient des décès ou incapacités, le maire de chaque commune sera tenu d'en instruire immédiatement le président du tribunal ou de la Cour. Il sera statué conformément à l'art. 390 du Code d'instruction criminelle.

TITRE III.— *De la composition de la liste du jury pour chaque session.*

20. Dix jours au moins avant l'ouverture des assises, le président de la Cour d'appel, ou le président du chef-lieu judiciaire, dans les villes où il n'y aura pas de Cour d'appel, tirera au sort, en audience publique, sur la liste annuelle, les noms des trente-six jurés qui formeront la liste

de la session; il tirera, en outre, six jurés suppléants sur la liste supplémentaire.

Si, au jour indiqué pour le jugement de chaque affaire, il y a moins de trente jurés présents, ce nombre sera complété par les jurés suppléants, suivant l'ordre de leur inscription, et, en cas d'insuffisance, par des jurés tirés au sort, et en audience publique, parmi les jurés inscrits sur la liste supplémentaire, subsidiairement parmi les jurés de la ville inscrits sur la liste annuelle, ou enfin, parmi les trois cents jurés premiers inscrits sur la liste générale de la ville.

TITRE IV. — *Dispositions générales.*

21. Nul ne peut être contraint à remplir les fonctions de juré plus d'une fois en trois années.

22. Toutes les dispositions du Code d'instruction criminelle auxquelles il n'est pas dérogé continueront d'être appliquées.

TITRE V. — *Disposition transitoire.*

23. Après la promulgation de la présente loi, il sera immédiatement procédé à la composition de la liste générale, de la liste annuelle et de la liste supplémentaire. Ces deux dernières seront transmises sans délai au greffe. Les jurés extraits de ces listes feront seuls le service des assises qui s'ouvriront ultérieurement.

Les listes ainsi rédigées serviront en outre pour l'année 1849.

(Bull., n° 615.)

FIN.

TABLE DES MATIÈRES.

TABLE ALPHABÉTIQUE.

11.

FIN DE LA TABLE ALPHABÉTIQUE.